モノも石も死者も生きている世界の民から人類学者が教わったこと

奥野克巳

目次

装丁　寄藤文平＋古屋郁美（文平銀座）

1　こんまりは、片づけの谷のナウシカなのか？

衣類、本、台所用品、アクセサリー、小物などの「モノ」は、資本金を投下された製品工場で安価に大量に生産され、販売店に運ばれ、私たちに購入され、居住空間に持ち帰られる。モノは、購入後すぐに使われたり消費されたりする場合もあれば、不足した場合や替えが必要な場合に備えて、家の中に溜め置かれることもある。そのうちに着ることができなくなったり、誰かに似合わないと言われたりして使用されなくなったモノ（衣類）、読もうと思って買ったのに、時間がなくて読まれないまま積んであるモノ（本）、その他、諸々の貰いモノ、贈りモノなどが、家の中で、知らない間にどんどんと増殖して、ついには生活空間を圧迫し始める。

雑然たるモノの群れや束は、所有者に物理的に重くのしかかるだけでなく、何とかしなければならないと思いつつも何ともできない状態が続き、片づけなければならないという意識とともに、片づけられない整理できない自分の不甲斐なさが精神的に重くのしかかってくる。大量生産・大量消費の時代に生きる私たちが抱え込んでいる、そうした特異な課題に対して解決を与えてくれるのが、片づけを専門とする「片づけコンサルタント」である。

「こんまり」こと近藤麻理恵は、「片づけの魔法」を伝授する、売れっ子の片づけコンサルタントである。彼女の著書『KONMARI〜人生がときめく片づけの魔法〜』シリーズは、累計で一千万部以上売り上げたという。二〇一九年一月から始まったNetflixの「人生がときめく片づけの魔法」と題する番組は、異例の大ヒットを記録した。

こんまりは、「片づけの谷のナウシカ」なのだろうか？

宮崎駿の『風の谷のナウシカ』の主人公ナウシカは、人以外の存在、特に虫などの生きものたちと心を通わせるアニミストである。ナウシカは、アニミズムの体現者である。

これからアニミズムについて論じていくのだが、ここではアニミズムをさしあたり、地球という私たちが生きるこの惑星や宇宙にあって、人間だけが必ずしも主人なのではないという考え方もしくは思想のことと定義しておこう。アニミズムでは、人と人外（人以外の存在）は、姿やかたちは違えども、心がつうじ合っている。はたして、こんまりは、風の谷ならぬ片づけの谷のナウシカなのだろうか？

こんまりこと、近藤麻理恵が説く片づけ法の中で、最も分かりやすくかつオカルティックなものが、「ときめき」を手がかりとして、モノを残すか捨てるかを決めるというやり方である。こんまりは書いている。

> 「触ったときに、ときめくか」
>
> モノを一つひとつ手にとり、ときめくモノは残し、ときめかないモノは捨てる。モノを見極めるもっとも簡単で正確な方法です。
>
> ［近藤 2019: 62］

こんまりによれば、片づけにあたって、捨てるにせよ残すにせよ、まずは、モノに必ず触れてみなければならない。「触ったときに、ときめくか」どうかが、片づけに際しての選別の基準となる。こんまりは言う。「モノを残すか捨てるか見極めるときも、『持っていて幸せかどうか』、つまり、『持っていて心がときめくかどうか』を基準にする」〔近藤 2019: 63〕のだと。「ときめき」を軸に片づけを説くこんまりの実践的な「モノの哲学」は、実は、とても合理的である。彼女は、モノを捨てられないことには、四つの原因があると分析する。

人がモノを捨てられないのは、まだ使えるから（機能的な価値）、有用だから（情報的な価値）、思い入れがあるから（感情的な価値）。さらに手に入りにくかったり替えがきかなかったりする（希少価値）と、ますます手放せなくなるわけです。

〔近藤 2019: 68〕

まだ使えるのではないかと思っていたり、今後必要になるかもしれないと思っていたり、大切な人にもらった思い出の品だったり……ということで、モノは捨てられないのだ。こんまりは、所有者が価値を思いめぐらせることで、本来的にはたんなる物質に過ぎないモノによってがんじがらめに縛られて、捨てられなくなっていることを、冷静にかつ合理的に見抜いている。その点を踏まえて、こんまりは、ある種の精神論を片づけ法の基本に置いているように見える。

「ときめかないけど、捨てられない」モノに対しては、一つひとつ、その本当の役割を考えてあげること。すると、意外なほど多くのモノは、すでにお役目を終えていることに気づくはずです。

……（中略）……

「モノをたくさん捨てる」のは、モノを粗末にしているということではありません。押し入れやタンスの奥にしまわれ、その存在すらも忘れ去られてしまったモノたちがはたして大切にされているといえるでしょうか。

もし、モノに気持ちや感情があるとしたら、そんな状態がうれしいはずはありません。

一刻も早く、牢獄、あるいは離れ小島のような場所から救出してあげて、「今までありがとう」と感謝の念を抱いて、モノを気持ちよく解放してあげてください。

片づけをするとスッキリするのは、人もモノもきっと同じだと、私は思っています。

［近藤 2019: 87-8］

モノたちは、押し入れやタンスという「牢獄」や「離れ小島」に閉じ込められたまま、見向きもされないでいる。そこで、モノたちの「気持ち」や「感情」になってみよう、と呼びかける。牢獄や離れ小島からモノたちを救い出し、これまでのことを感謝して、気持ちよく解放してあげようではないか。そうすれば、つまり「片づけ」をすれば、人もモノもスッキリする。これが、こんまりの言わんとすることである。

なぜ片づけができないのかを、多様な価値によって囚われていることを含めて、合理的・論理的に説明して人々を惹きつけ、他方で、モノの気持ちや感情の存在を仄《ほの》めかして、人々を揺さぶり、一種のオカルティックな解決法を提示する。「こんまりメソッド」とは、物理と精神論の合成物、あるいは、合理と「非合理」の混合の成果だということはできないだろうか。大量生産と消費の時代に、制御しきれないほどに家の中に溢れかえって増殖するモノ、モノ、モノ……。人間の力を超えて増殖する物理を、人間とモノが互いに通じ合っているというアニミスティックな思弁の領域へと大胆に移し替えて、その場で実践的に対処し、所有者に捨てるものと残すものを整理させて、片づけさせていく。

それこそが、こんまりの魔法である。見かけは大きく異なっている「人間」と「モノ・対象・客体」が、気持ちや感情を含む心の面でつながり合っている。こんまりは、そう考えている。合理・論理・物理に絶妙な塩梅で混ぜ合わされた非合理・オカルト・アニミズム。

アニミスティックな手法は、「こんまりメソッド」の様々な局面に立ち現れる。それは、残されたモノ、すなわちときめいたモノたちの収納にも用いられる。洋服の収納法には、ハンガーを使ってかける「かける収納」と、一つひとつたたんで引き出しなどに並べる「たたむ収納」がある。こんまりは、「たたむ収納」のほうを強力に薦める。「たたむ収納」は面倒くさいと思うかもしれないが、「そう思ったあなたは、たたむことの本当の威力を知りません」［近藤 2019: 101］。

洋服をたたむことの本当の価値は、自分の手を使って洋服に触ってあげることで、洋服にエネルギーを注ぐことにあるのです。

［近藤 2019: 101-2］

「手当て」が、ケガをした箇所に治癒を促すように、人の手から出るハンドパワーのようなものが衣服にとっても効果的なのだと、こんまりは言う。「だから、きちんとたたまれた服はシワがピンと伸び、生地がしっかりしていきいきしてくるのです」［近藤 2019: 102］。

> 洋服をたたむ。それはたんに収納するために服を小さく折り曲げる作業だけをさすのではありません。いつでも自分を支えてくれている洋服をいたわり、愛情を示す行為なのだと思います。
>
> ［近藤 2019: 102-3］

いたわるとは、いたわられる相手の気持ちを想像して行われる行為である。いたわってあげることによって、洋服の気持ちや感情が整い、洋服が生き生きとしてくるのだという。他方で、「かける収納」に関してもこんまりは、興味深いことを述べている。同じカテゴリーの洋服は隣り合わせにして、まとめてかけるのは基本中の基本であるという。そのことの説明として、自分と同じタイプの人といっしょにいると無条件に安心してしまうのは、人も服も同じ。カテゴリー別に分けるだけで、洋服たちの安心感が違います。

［近藤 2019: 109］

人も服も、同じカテゴリーの人や服と一緒にいると心が安らかに落ち着くのだという。こんまりは、人と衣類が、同じような気持ちや感情を抱えているとする見方で語っている。

それらが、「五歳のときに主婦向けの生活雑誌を読みはじめたことをきっかけに、一五歳から本格的に片づけの研究を始め、一九歳から片づけコンサルタントとして活動を始め」［近藤 2019: 4］た彼女自身の経験から引き出された手法なのだとすれば、私たちは、二十一世紀に、今まさにつくられつつあるアニミズムに立ち会っていることになるのかもしれない。私たちが仰々しくアニミズムと呼んでいるものは、ある種の「必要」——例えば、モノの増殖をなんとか抑えて、快適な生活空間をつくり上げるという現代人にとって、のっぴきならない必要——に応じる過程で出現するという可能性を、こんまりは示してくれているのかもしれない。

モノの気持ちや感情を推し量ったり、モノをいたわったり、モノたちの安心感を考えたりというアニミスティックな手法は、こんまりの片づけコンサルティングの文脈では、まったく奇異なことではない。それらは、万人にすんなりと受け入れられるからこそ、彼女の成功があるのだとも言えよう。そして、その手法は、彼女の宗教や何らかの特殊な経験から発したものではないように思われる。言わば、私たち人間が共通に持っている、モノに対する一般的な態度にその源泉があるように思われる。

同じような経験は、例えば、私が大学で講じている「宗教人類学」の授業を聞いた学生たちのレポートの中に顕著に見てとることができる。レポートには、履修学生たちの具体的な「アニミズム経験」が書かれていた。いくつか紹介しよう。

私のアニミズム的即自体験は小学校低学年の頃にあった。私は当時、家の家具自体と頭で会話をしていた。例えば寝ようとしてベッドに上がるとき、私にも分からない「上がるタイミング」が存在していて、そのタイミングを決めるのは私ではなくベッドだった。タイミングが悪いと、ベッドから「もう一回」と言われた気がして、もう一度上がり直したりしていた。

……名づけたにせよしていないにせよ、ぬいぐるみを捨てるとなると激しく反対し、

どうしても手放すなら「だれか他の人のもとで幸せになってほしい」と願ったことがあった。汚れてしまったタオルを洗う際にも手放すことを拒んだが、最終的には母の「タオルさんだって汚れちゃって悲しんでいるんだよ」といった言葉に折れた記憶がある。いうまでもないことだが、ぬいぐるみもタオルも無機物であり、動物とちがってそこに「命」はない。しかし、この時私はその無機物の幸せを願い、気遣いすらしていたのである。

私は花などの植物が好きで、観葉植物がたくさん家にあり、水をやる時に、声をかけるようにしている。「大きくなったね。水を飲んでもっと成長してね」と言ったり、時には私が好きな音楽を植物の近くで流して「良い曲だよね」と言ってみたりする。すると、翌日見ると、話しかけた時よりも綺麗に、美しく成長したと感じるのだ。

この三つのレポートには、「上がるタイミング」を命じてくるベッド、幸せであってほしいと願うぬいぐるみや汚くなって悲しむタオル、話しかけたり世話をしたりすることによって綺麗になる植物、との対話が綴られている。

ベッド、ぬいぐるみ、タオル、植物というモノたちはどれも、人間とは外見上は全く似つかないが、人間と同じような性質の気持ちや感情を持っている。先に述べたように、モノや植物などが、人間と、姿やかたちは別物だけれども、命令したり、悲しんだり、喜んだりする（おそらくその結果、綺麗になったりする）という心を共通して持っていると直観するのが、ここで言うアニミズムである。人間とモノの対話の過程でアニミズムが生み落とされることがあるのかもしれない。

アニミズムとは、人間とモノ・対象・客体との対話の中で、心の面でのつながり合いの想定の下に生じるある種の経験であるということを、ここでは再確認しておきたい。この点には、今後、何度も立ち戻ることになるであろう。

ところで、こんまりも、片づけをする時、「自分の持ちモノに対して、一つひとつときめくか、どう感じるか、ていねいに向き合っていく作業は、まさにモノを通しての自分との対話」［近藤 2019: 83］だと述べてみたり、「たまに『音楽をかけてノリノリで捨てましょう』という片づけ法もあると聞きますが、私はおすすめしていません。せっかくのモノとの対話が音でごまかされてしまう気がするからです」［近藤 2019: 84］と言ったりしている。

こんまりメソッドには、自分とモノが向き合う対話の過程が大切な構成要素として組み込まれているのは確かである。しかし、ここまで書いてきて、それがゆえに、気になることが一つある。今しがた述べたように、こんまりメソッドは、自分とモノとの純粋な対話ではなく、自分との対話を目指すものになっているのではないか。モノではなく、自分自身との対話であるならば、それは、はたしてアニミズムなのであろうか。アニミズムが、すでに述べたように、地球や宇宙における存在者のうち、人間だけが必ずしも主人なのではないという考え方なのだとすれば、自分との対話を目指すというのは、人間のことだけしか考えていない、頭の中にない、という意味で、真にアニミズムとは呼べないようにも思われる。

さらに、大量消費時代においていくらモノが身の周りに溢れ、自分自身を圧迫しているとはいえ、さらには、感謝の念を込めてモノを捨てるのだとしても、アニミストであれば、自ら進んでモノとの関係を切断し、単なるゴミとして廃棄するということはそんなに簡単にはできないとも思われる。学生たちが示してくれたように、モノとの間での特異な関係性や、モノへの愛着以上の何かがあって、容易に捨てられなかったり、粗末に扱えなかったりすることが、アニミズムであるように思われるからである。

自分自身から切り離されてゴミとなったモノは、めぐりめぐって、自らが住まう環境を悪化させるという、現代の資本主義特有の問題を生み出し、自然を、さらには自分自身すなわち人間自身を苦しめることになる。そうした人間中心主義的な振る舞いを可能にする身勝手な世界理解を含むものを、はたして、アニミズムと呼んでいいのだろうか。

本書の出発点は、ここにある。こんまりメソッドは、自分との対話なのか、自分とモノとの対話なのか？　前者だとすると、それは人間を中心に人間を拡張する世界を想定している点で、アニミズムとは言えないのではないか。それとは逆に、後者こそが、アニミズムの名に値するものだと思われる。そう言い切っていいのか、いや、そうではないのか。こうした点が、本書をつうじて考えてみたい点である。

2 風の谷のアニミズム

ときめかないモノたち、それはゴミとなる

所有者にとって「ときめき」が感じられなくなったモノ、つまり、こんまりが感謝の気持ちを念じて捨てよ、と唱える衣類や本などは、その直後、ゴミに転じる。より一般化して述べれば、気に入ったため、必要のため、あるいはその他何らかの理由で個人のもとに集まってきたモノは、その場に一定の間滞って不用あるいは用済みとなり、やがてゴミに変化《へんげ》する。

現代日本では、ゴミを気の向くままに、勝手に捨てることはできない。ゴミを片づけることは、たいそう骨が折れる。ときめきが感じられなかったモノの処理もまた、今日では重大事である。燃やせたり燃やせなかったり、再資源化したりという処理のしかたの違いと、大きさや

量などに応じて分別し、決まった曜日と時間に、決まった場所に、決まったやり方で、ゴミは出さなければならない。ゴミとなったモノが、私たちの暮らしの舞台である周囲の自然環境を汚したり、使えなくしたりする負荷を軽減するためである。

翻って、ときめきを感じ、取っておくモノと捨てるモノを選別し、捨てるモノを人間から切断することによって片づける「こんまりメソッド」は、その裏で、ゴミの大量出現と、その結果としての自然環境の悪化という、ゴミ問題への自覚に乏しいとは言えないだろうか。それは、人間の暮らしの快適性と精神の安定性のためだけにモノと向き合っているとは言えないだろうか。その意味で、こんまりメソッドは、人間中心主義の磁場に囚われているのだと言えるのかもしれない。

アニミズムとは、この惑星や宇宙におけるあらゆる存在者のうち、人間だけが必ずしも主人なのではないとする思想である。

こんまりは、ときめかないモノ、ゴミになったモノたちの気持ちや感情を気にすることはない。ゴミとなった瞬間に、モノの気持ちや感情は人間から切り離され、人間とのつながりを失ってしまう。捨てる行為をつうじて、人間がモノに対して主人たる位置を占めるようになる。その意味で、こんまりは「半分、アニミスト」なのかもしれない。ときめくモノに対してだけの。モノとの間で心を通わせる、全幅のアニミストだとは言えないように思われる。

では、モノを捨てなければアニミストなのか？　「ホーディング」、それは、モノを捨てられなかったり、片づけられなかったりすることである。アメリカでは人口の二～五パーセントが「ホーダー」だという試算があり、六百万～千五百万人がホーディングに苦しみ、ストレスを抱えたり、生きる力を損なわれたりしているという［フロスト＋スティケティー 2012: 16-7］。ホーダーまで含めて、捨てない者たちがアニミストなのかというと、そうは言えないのかもしれない。問題はそう簡単ではない。

それでは、アニミズムはいったいどこにあるのだろうか？

以下では、現代日本人がイメージしやすい一つの例として、宮崎駿監督の『風の谷のナウシカ』（本章では映画版を用いる。以下、『ナウシカ』と略称）を取り上げてみようと思う。『ナウシカ』は、高度な文明が「火の七日間」戦争によって滅んでから千年後の地球が舞台である。風の谷の住人たちは、有毒の瘴気《しょうき》を発する菌類の森である「腐海」に覆われ、巨大な虫たちに怯えながら暮らしている。

ナウシカと王蟲、魂の同質性

『ナウシカ』はどこか「宗教的に感じられる」〔小野 2016: 36〕。それは、『ナウシカ』が侵略してくる異星人を撃退するようなSFではなく、腐海に呑み込まれても滅びることなく、生き延びるにはどうしたらいいのかという問いを投げかけているからである〔小野 2016: 35-6〕。敵が自然や地球であるため、その姿ははっきりとは見えない〔小野 2016: 36〕。戦う相手である自然や地球と、人間との目に見えない次元でのつながりが、『ナウシカ』を宗教的あるいはアニミズム的にしている。

『ナウシカ』で描かれるのは、人間と、王蟲《オーム》を頂点とする多様な虫や菌類などとの間の「衝突」や「交感」である。人と人外とのそうした関係が描かれる時、そこにアニミズムが現れるのは、何ら不思議なことではない。宮崎自身も、アニミズムに対するシンパシーを表明しているし〔スタジオジブリ編 2013: 21; 杉田 2014: 75〕、ナウシカは、アニミズム的なものをその肉体で信じる娘であると評されることもある〔杉田 2014: 90〕マンガ研究者の小山昌宏は、以下のように言う。

ナウシカの能力のひとつは人間以外の生命、自然との一体感（絆）を喚起、保持する力である。……（中略）……それはおそらくナウシカが、はやくから生命の持つ魂の同質性に気づき、目にみえないもの、耳に聞こえないもの、身体に感じられないものを支配する「精霊」の存在を感じ取ることができたからに違いない。

〔小山 2009: 137〕

小山は、ナウシカの「生命の持つ魂の同質性に気づく能力」を、アニミズムを土台としたシャーマニックな能力であると見ている。小山はまた、ナウシカが「自然界と人間界、人間の生命と自然界の魂の同質性を感じ取っていた」〔小山 2009: 138〕と述べて、『ナウシカ』の中に、アニミズムが深く流れ込んでいることを示唆している。

「生命の持つ魂の同質性」、すなわち人以外の存在や現象に、人と同質の魂が宿っていると感じられることが、アニミズムの正体である。ナウシカは自ら、人外との関係を自ら断ち切ってしまうことなどない。

王蟲とは、「芋虫とワラジムシが合わさったようなプロポーションに硬い外殻を持ち、戦車のように重量感のあるダークグレーの虫」〔切通 2001: 20〕である。「実際に居たら感情移入する人は少ないであろうこの巨大虫を美少女が愛でる」〔切通 2001: 20〕。つまり、少女と巨大な虫の心がつうじ合うことが、『ナウシカ』のストーリーの軸になっている。

ナウシカと、脱皮して巨大化するけれども変態せず、幼虫の形態を保ったままの王蟲は、美少女と醜怪な巨大虫という点で、形こそいちじるしく異なるとはいえ、同じ本質を有する、いわば仲間同士である〔正木 2011: 80〕。宗教学者・正木晃は、ナウシカと王蟲は、処女性と幼虫性において似ていると指摘しているが、両者の間には、小山の言う「生命の持つ魂の同質性」があると理解したほうがいいだろう。ナウシカと王蟲は、身体を比べてみると、すなわち見かけの点では大きな断絶があるが、心を通い合わせる点では互いにつながり合っている。

『ナウシカ』では、生命の持つ魂の同質性、言い換えれば「人間と人外の内面的な連続性」が、ナウシカと王蟲にとどまらず、ナウシカとキツネリスのテト、風の谷の住人と風などにまで広がっている。そのうち「風」に焦点をあてて、以下では、風のアニミズムについて考えてみよう。風は、「生命の持つ魂の同質性」はもちろんのこと、モノや世界を動かす力としての「アニマ」の源である。

アルファベット、自然の脱神聖化

村瀬学が指摘するように、宮崎アニメでは、『ナウシカ』から『風立ちぬ』まで、風のモチーフが多用されている［村瀬 2015: 230］。正木もまた、『ナウシカ』の風に着目して、以下のように述べている。

> 息＝呼吸と風がよく似ている。したがって、あらゆる動物は風が体内に入り、風は体外に出ることによって、生命を保っている。その風が止まるとき、あらゆる動物は死ぬ。そういっていいのだ。……（中略）……風は、はるか古い時代から呼吸にたとえられ、生命をつかさどるもの、もっと端的にいうなら「生命エネルギー」と考えられてきた。
>
> ［正木 2011: 27-8］

人間を含め、全ての生命は、呼吸すなわち風によって生きている。風が体外から体内へと送り込まれ、体外へと再び出ていく過程を繰り返すことによって、生命はある。生命の方から見れば、それは風を吸い、風を吐くということの絶えざる往還運動によって生きている。だとすれば、風とは生命を生かすもの、「生命エネルギー」に他ならない。『ナウシカ』の風を考える上で、エコクリティシズム研究者デイヴィッド・エイブラムの議論が示唆的である。エイブラムは、アルファベットによる文字文化を手に入れる以前、人間は風すなわち空気を、生命の源であり聖なるものであると捉えるアニミズムを生きていたのだとする異色のアニミズム論で知られる［エイブラム 2017］。

風は、目で見ることができない。見ることができるのは、空気や風が引き起こしている、絶え間ない動きのほうである。ヒロハハコヤナギの枝を曲げる様子や、小川の水面にさざ波を立てる様子を引き起こす力が、空気や風にはある［エイブラム 2017: 292］。森羅万象の活動を可能にする源として、かつて空気、風、息などには神聖性が付与されていた。

そうした古代の風のアニミズムは、アルファベットを用いる文字文化の発達とともに、次第に失われていった。アルファベットは、人類最古のスクリプトである楔形文字が用いられるようになった地で、その二〇〇〇年後に、セム諸族によって紀元前一五〇〇年頃に作られた。ヘブライ語やアラビア語のようなセム系諸語は、今日に至るまで母音の体系を持たない［オング 1991: 186-7］。

古代ヘブライ語は、二十二語の子音のアルファベットだけから構成されていた。ヘブライ語には、母音のアルファベットはなかったのである。母音とは息そのものであり、子音を動かして言葉を生み出す風という力でもあり、それゆえに神秘でもあった。ヘブライ語で「神」を表す文字は、子音から成る〝YHWH〟である。ヘブライ人は、子音に空気あるいは風を送り込み、土の塊に生命を吹き込むようにして、言葉を紡ぎ出していた［エイブラム 2017: 318］。

その後、子音文字体系の中に母音を導入し、母音の文字化を進めたのは、古代ギリシア人たちであった［オング 1991: 188; エイブラム 2017: 323］。そのことにより、発話を紙の上にそのまま書き写すことができるようになると同時に、息や風は神秘ではなくなったとエイブラムは言う。風は脱神聖化されたのである［エイブラム 2017: 324-5］。

「樹木は何も教えてくれない」という哲人ソクラテスの言葉は、古代ギリシア人の感覚が、自然の風景への直接的な参与から遠のき始めていたことを示している［エイブラム 2017: 160］。息や空気の、あるいは風の根源的な力は、子音と母音をともに含む、ギリシア語のアルファベット成立後に、消滅への道を辿ることになった［エイブラム 2017: 325］。

頭蓋に収まる前のアニマ

その後、ヨーロッパ、さらには南北アメリカにまでアルファベット（文字文化）が広がったことに関して、エイブラムは以下のように述べている。

> アルファベットが進出する場所では、空気から幻影や見えない力が追い払われ、空気からそのアニマが、その霊魂的奥行が取り除かれたのであった。
>
> ［エイブラム 2017: 327］

子音と母音の両方から成るアルファベットが世界中で定着するに従って、空気や風からアニマが奪われていった。アニマとは、魂や力のことである。つまり、（風の）アニミズムの衰退が始まったのである。

> 書かれたテクストが話すようになってはじめて、森や川の声が消え失せていった。この時にはじめて言語は見えない息との昔からの結びつきを緩め、魂は風から自らを切

り離し、霊魂は周りの空気から自らを引き離したのだった。

［エイブラム 2017: 328］

自然の中の音や声から完全に独立した言語テクストが立ち上がって、空気や風からできていたはずのアニマが自然の中に存在しなくなった。

では、それらはどこに行ってしまったのか？　かつて自然の中にあったアニマは、人間の頭蓋の中に徐々に監禁されていったとエイブラムは言う［エイブラム 2017: 329］。アルファベットによって、自然の「霊魂的奥行き」が消失し、人間の中に魂や力が移し替えられ、人間中心主義が進められていった、と言い換えてもいい。

エイブラムはまた、アルファベット以前に見られた空気や風の位置づけを、アメリカ先住民の中に探っている。ナバホ社会では、地上のあらゆる存在者が造られるのに先立って、風があった。ナバホの古老によれば、地下世界には最初に風があった。風が「男」や「女」、「話す神」や「呼ぶ神」に対して、息つまり生命を授け、導きを与えていた［エイブラム 2017: 300］。歌い手は、歌うことをとおして空気を変化させ、逆に歌は、大いなる自然のアニマの活動に作用を及ぼした［エイブラム 2017: 305］。

ナバホにとって、風は世界の所有物であり、その世界に人間が「融即してい」［エイブラム 2017: 306］た。融即とは、十九世紀の哲学者ルシアン・レヴィ＝ブリュルによって示された、形態や程度には差異がある生物と事物を一つに結び合わせる心性のことである。「この心性にとっては一と多、同と異等の対立は、その一方を肯定する場合、他を否定する必然を含まない」［レヴィ＝ブリュル 1953: 95］。ナバホ社会では、人間と風は、どちらがどちらであるというのが難しいほど一体化していた。

風の谷で風を感じ風に従う

エイブラムによる風のアニマをめぐるこの大胆な説をそのまま、人間文明の崩壊後の物語である『ナウシカ』に当てはめるのは乱暴かもしれない。だが、それを手がかりとしながら一考することは可能であろう。以下では、人間の頭蓋の奥深くに引きこもってしまう以前の時代に吹いていた風を想像しながら、風の谷の風を読んでみよう。

『ナウシカ』では、風に対する何らかの儀礼が行われたり、風の信仰が描かれたりするわけではない。風は、凧《たこ》や風車や飛行装置メーヴェなどのモノだけでなく、人間に対して大きな影響を与えるが、表立っては何であるのかが示されない、「行為主体性（エージェンシー）」を帯びたアニマや力の源泉として登場する。風の谷の住人は、その風を読み、風に従い、風に頼って暮らしている。

風の谷は、谷を吹き抜ける風のために、腐海からの瘴気が届かない辺境として描かれる。そこを吹き抜ける風とは、人々の生存を脅かす邪悪な風である瘴気に対抗する「よき風」である。正木の言葉をふたたび援用すれば、風の谷の住人にとって、風は生命をつかさどるもの、生命エネルギーに他ならない［正木 2011: 28］。

ナウシカは、風の見えない力を自在に操ることができる存在、辺境一の剣士ユパが言うところの、よき「風の使い手」として登場する。『ナウシカ』の冒頭では、ユパの誤射のせいで怒り狂った王蟲をなだめて森に帰すために、ナウシカが虫笛を用いる。虫笛とは、風を穴に通すことによって音を出す楽器である［正木 2011: 28］。虫の声を、風の力を借りて再現したのが、虫笛である。ナウシカは王蟲の荒ぶる心を鎮めるために、自然のアニマの化現である「音色」を用いる。そこには、空気や風のアニマが世界をコントロールする、アルファベット文化以前のアニミズム世界が広がっている。

ナウシカは風を自在に操ることができるとされるが、彼女は、必ずしも「主体的な」風の使い手ではない。彼女は、風の吹くままに、風の意に従い、風を読む勘所のようなものを深く心得た「媒介的存在」だと見たほうがいいのかもしれない。その意味で、小山が述べるように(二一頁)、ナウシカをシャーマン的存在と見ることもできよう。ナウシカは、風の見えない力――エイブラムの言葉では、アニマ、霊魂的奥行き、聖なる存在、神聖性――を飼い慣らしたり、コントロールしたりするのではなく、逆らわずに、それを受け入れて従いながら、ナバホのように、風の世界に融即し、風の意のままに動くことによって風の谷で暮らしている。

共感覚と融即

最後に、エイブラムの言葉を引こう。

> アニミズム的言説は、事実に基づいた世界との関係を歪曲しているどころか、自らが居住している土地との直接的で共感覚的な関与に必然的に対応している。……(中略)……直接的で前反省的な知覚はもともと共感覚的、融即的、アニミズム的であり、私たちを取り巻く物や要素を活気のない対象としてではなく、表情豊かな主体、存在物、

力、潜在力として開示するのである。

［エイブラム 2017: 175］

エイブラムにとって、アニミズムとは、歪曲された世界理解ではない。それは、土地との「共感覚」的、「融即」的な経験である。

知覚されたものは、力を備えた、表情豊かな主体となって、私たちの前に現れ出る。土地や自然に投げ入れられた人間の知覚とは、共感覚的すなわち「視覚的焦点と聴覚的焦点は区別がつかない」［エイブラム 2017: 174］。感官全体をつうじて、そのつど会得できる経験こそが、私たちが周囲の自然との間で交わす知覚に他ならない。

『ナウシカ』では、風や虫たちは共感覚的に知覚される。

また、自らが居住している土地との直接無媒介な経験が、「他者の感じるものを私が感じさせてもらえるという魔術的な融即」［エイブラム 2017: 172］をもたらす。人と土地、人間と自然の間には、こちらにあるだけであちらにはない、あちらにあるだけでこちらにはないというのではなく、こちらにありかつあちらにもあるという融即律、人間が主人でありかつ土地や自然もまた主人であるという融即律が働いている。

『ナウシカ』で描かれているのは、風や虫や動物や植物などの万象を人間が感官全体をつうじて感じる共感覚的で、人間が主人でありかつ土地や自然もまた主人であるという融即的なアニミズムである。風の谷の人々は、万象との関係を自ら断ち切ることなどない。それらの心を読み、従い、頼りながら暮らしている。

3 川上弘美と〈メビウスの帯〉

聖なるものと野蛮

作家・川上弘美が『風の谷のナウシカ』を映画館で観たのは、彼女が女子高校の理科教員をしていた、二十代半ばの頃のことだった。彼女は、人間たちの過ちによってできた世界で、その世界に救いをもたらす少女ナウシカにちょっとばかり打ちのめされ、「美しく正しい少女」に嫉妬に近い感情を覚えた。「聖なるもの」の象徴としてのナウシカに対し、自分は過ちを犯す多くの「その他の人々」の代表であるような気がしてならなかったともいう。

その後、長いこと経ってから、ナウシカが「聖なるもの」の象徴などではないということに、川上は気がつく。「だめな人間」と「だめでない人間」という二項対立の世界に、自分がとらわれていたことに思い至る。川上は『ナウシカ』のビデオを見直してみて、父を殺された少女の野蛮さを発見する。ナウシカは、まったく聖なるものではないし、正に振れるも負に振れるも、自然まかせの、普通の人間だったのである［川上 2013］。

川上文学には、こうした思考の過程を経ておそらく形成されたであろう、二項対立の世界それ自体を崩壊させる構造を持った作品群がある。それらの作品では、人間と、クマや蛇やトカゲなどの人外との出会いや不思議な共存関係が取り上げられる。清水良典が述べるように、そこでは、「あらゆる出会いが〈異種〉の個体とのざわめく邂逅であり共生であるような夢」［清水 2003: 79］が語られる。川上弘美流のアニミズムである。

『神様』と『神様 2011』

一九九三年の川上のデビュー作『神様』では、主人公である人は、クマに誘われて川原に一緒に散歩に出かける。人とクマは、見かけは大きくかけ離れているが、心でつながり合っている。そうした人と人外のつながりが、川上のアニミズムの根底にある。

その後、二〇一一年の東日本大震災直後に川上は、『神様』の舞台を「震災後」に置き換えて、『神様 2011』を上梓した。その小説の中では、主人公である人とクマが「防護服を身に着けて」散歩に出かける。

> 川原までの道は元水田だった地帯に沿っている。土壌の除染のために、ほとんどの水田は掘り返され、つやつやとした土がもりあがっている。作業をしている人たちは、この暑いのに防護服に防塵マスク、腰まである長靴に身をかためている。
>
> 〔川上 2011: 26〕

『神様』で描かれた、人とクマが織りなす、「ほんと」のような「うそ」の世界を、防塵服だの被曝線量だのという原発関連の用語が、実に重苦しい雰囲気にしてしまっている。散歩を終えて自宅に戻ってからの『神様』と『神様 2011』の描写を比べてみよう。

『神様』では、「部屋に戻って魚を焼き、風呂に入り、眠る前に少し日記を書いた。熊の神とはどのようなものか、想像してみたが、見当がつかなかった。悪くない一日だった」〔川上 1993: 18〕という記述がある。それが、『神様 2011』では、以下のような震災後モードに変わっている。

部屋に戻って干し魚をくつ入れの上に飾り、シャワーを浴びて丁寧に体と髪をすすぎ、眠る前に少し日記を書き、最後に、いつものように総被曝線量を計算した。今日の推定外部被曝線量・30μSv、内部被曝線量・19μSv。年頭から今日までの推定累積外部被曝線量・2900μSv、推定累積内部被曝線量・1780μSv。熊の神とはどのようなものか。想像してみたが、見当がつかなかった。悪くない一日だった。

〔川上 2011: 36〕

被曝線量の数字を並べ立てることによって『神様 2011』の震災後に、いやます息苦しさ。こうした工夫によって、それは、震災後の日常への問題提起を孕む、豊饒性を湛えた文学になった。

『蛇を踏む』の人と蛇

『神様』とその変奏である『神様 2011』のように、人と人外が違和感なく交わり、つうじ合って登場する川上文学の極めつきが、一九九六年の芥川賞受賞作『蛇を踏む』である。

主人公のサナダヒワ子は、ミドリ公園に行く途中の藪で蛇を踏む。秋の蛇なので、動きがのろかったという。踏んでから蛇に気づいた。蛇は「踏まれたらおしまいですね」と言い、どろりと溶けて形を失った。そして、人間のかたちが現れたのである。人のかたちになったその蛇は、五十歳くらいの女性となって、ヒワ子の部屋に住むようになる。自分のことをヒワ子の母だと名乗り、以前からそこに住んでいたように膳を並べ、ヒワ子とビールを酌み交わす。ヒワ子は、その女が蛇であることを知っている。女は突然寝ると言って、片づけもしないで、部屋に一つだけある柱にからまって、体は薄くなって柱に貼りつき、天井に登り、蛇に戻った。そして、天井に描かれた蛇のようなかたちになって、目を閉じた。

その後、ヒワ子の勤め先である数珠屋カナカナ堂のおかみさんのニシ子もまた、蛇と関係していることが分かってきた。ニシ子の叔母と名乗るその蛇は、ずいぶん歳を取っていて、死期が近くなったらしく、人の姿を取れなくなってきて、蛇の嗜好を発揮して、小鳥や蛙を呑みたがる。ニシ子は、蛇の世界はほんとうに暖かいという。蛇の世界に誘われたのに何度も断って、最後には誘われなくなった。ある時、ニシ子はその蛇を踏みつぶした拍子に怪我をする。死んだ蛇は庭に埋められる。

カナカナ堂の数珠の納品先である願信寺の住職もまた、蛇を女房にしていたことがあるという。蛇は家の切り盛りがうまい。夜のことも絶品だともいう。子どもは産めないが卵を産む。人と蛇が絡まりあう世界のことが、次から次へと語られる。

そのうちに、ヒワ子の部屋に住んでいる蛇である母は、カナカナ堂で仕事中のヒワ子を訪ねてくるようになる。部屋に戻ると、「ヒワ子ちゃん。もう待てない」と言って、ヒワ子の首を絞め始める。その後の格闘。結論も何もないまま、話は突然終わる。

「ほんと」と「うそ」の交差、日常のきりの崩壊

川上によれば、『蛇を踏む』で扱われているのは、「ほんと」と「うそ」の交差である。文庫本の「あとがき」で、自身の作風である「うそばなし」に触れて、川上は以下のように述べている。

> 「うそ」の国は、「ほんと」の国のすぐそばにあって、ところどころには「ほんと」の国と重なっているぶぶんもあります。「うそ」の国は、入口が狭くて、でも、奥行

きはあんがい広いのです。

［川上 1999: 172-3］

『蛇を踏む』では、「うそ」と「ほんと」が絶妙に溶け合っている。同じく文庫本に収められた「解説——分類学の遊園地」で松浦寿輝は、もう一つの交差としての人と蛇、あるいは人と動物の交差に触れている。

あまたの動物や植物が入り乱れる川上弘美の物語世界では、種と種との間の境界がいきなりどろりと溶け出して、分類学の秩序に取り返しのつかない混乱が生じてしまう。この作者はたしか大学では生物学を専攻したはずなのに、あたかもリンネの命名システムなどまったく信じておらず、一つの種からもう一つの種へと存在は自在に往還できると思いこんでいるかのようだ。実際、彼女の登場人物たちは誰も彼も勝手ほうだいに自分を動物化し、植物化し、しまいには生物と無生物との境界も消え去ってしまう。

［松浦 1999: 174］

冒頭で、ヒワ子が公園に行く途中の藪で蛇を踏むことで、別々の種であると思われていた人と蛇が入り乱れて、溶け合う事態が生じる。いきなりスイッチが入って、種の境界が消滅に向かってひた走っていくのである。

強烈なのは、蛇が蛇でなくなって、人になるシーンである。「踏まれたらおしまいですね」と蛇が言い、蛇はどろりと溶けて「液体」化し、形を失い、煙のような霞のようなものがたちこめて「気体」に誘われるように、人という「固体」になる。しかしその蛇は完全に人に「なってしまった」のかというとそうでもなく、眠る時は柱にからまって、蛇に戻る。蛇は、蛇と人の間を自由に往ったり、来たりする。

ヒワ子は、蛇を踏んだ時にふと感じる。「蛇は柔らかく、踏んでも踏んでもきりがない感じだった」［川上 1999: 10］。松浦は、この「きりがない感じ」こそが、世界の分類秩序に対して向けられた川上の「悪意の表現」だと見る。

われわれが眺めている世界の風景の場合、「きりがある」のがふつうである。それは「きり」良く分類整序され、たとえば人は人であり蛇は蛇であって、それらカテゴリー間の混同はありえないという明瞭な了解がそこで営まれる安穏な生の持続を保証している。世界は、碁盤の桝目のようにかっきりと「きり」分けられているのが常態なのだ。この「きり」の概念を崩壊させてしまうものが川上弘美の小説なのである。［松浦 1999: 177］

この小説では、いったいどこからどこまでが人で、どこからどこまでが蛇なのかがはっきりしない。ヒワ子の部屋に住みついた蛇がそうであるように、蛇ははたして蛇なのか、はたまた人（ヒワ子の母）なのか。種の境界がどこにあるのかを考えれば考えるほど、余計に分からなくなってしまう。つまり、「きり」がない。それでいて、話自体はすんなりと頭の中に入ってくる。

「蛇と私の間には壁がなかった」［川上 1999: 29］。蛇は人になったり、人から消え入るように蛇に戻っていこうとしたり、逆に、人も蛇の世界へと誘われたりする。そのことによって、人と蛇は安定的な種ではなく、どちらともがどちらにもなりうることが描かれる。両者が溶け合い、入り乱れ、つうじあって交感し、交歓する世界が文学表現の中にまざまざと感得される。

〈メビウスの帯〉

文学研究家・佐藤泉によれば、「壁」があるからこそ話ができるのであって、『蛇を踏む』の中で人と蛇は、人が人と話す時のような「壁を隔てた遠い感じ」がない、言語による世界の分節以前、社会的次元の介入以前の世界を生きている［佐藤 2003: 123］。人と蛇の間で表れる自他未分の感覚。ここでは、それを直観的に捉えるのに有効な、一つのモデルを招請してみたい。それは、一つの面と一つの縁しかない、〈メビウスの帯〉と呼ばれる位相幾何学の図形である。

長い紙の帯の一方を他方の端に対して百八十度ひねってから、両方の端を貼りつければ、〈メビウスの帯〉ができあがる。〈メビウスの帯〉の特徴は、一つの面しかないということである。これとは対照的に、紙の帯の端をひねることなく貼りつければ、「筒」や「リング」のようなものになる。その筒には二つの面があるので、一つの面を赤に、もう一つの面を緑に塗り分けることができる。ところが、〈メビウスの帯〉には一つの面しかないのだから、面ごとに色を塗り分けることはできない。

人と蛇、ほんとうそ、自と他、生と死などの二項から成る世界。〈メビウスの帯〉を一つの喩えとして用いるのは、それら二項の分節以前、二項の未分の感覚に接近するためである。

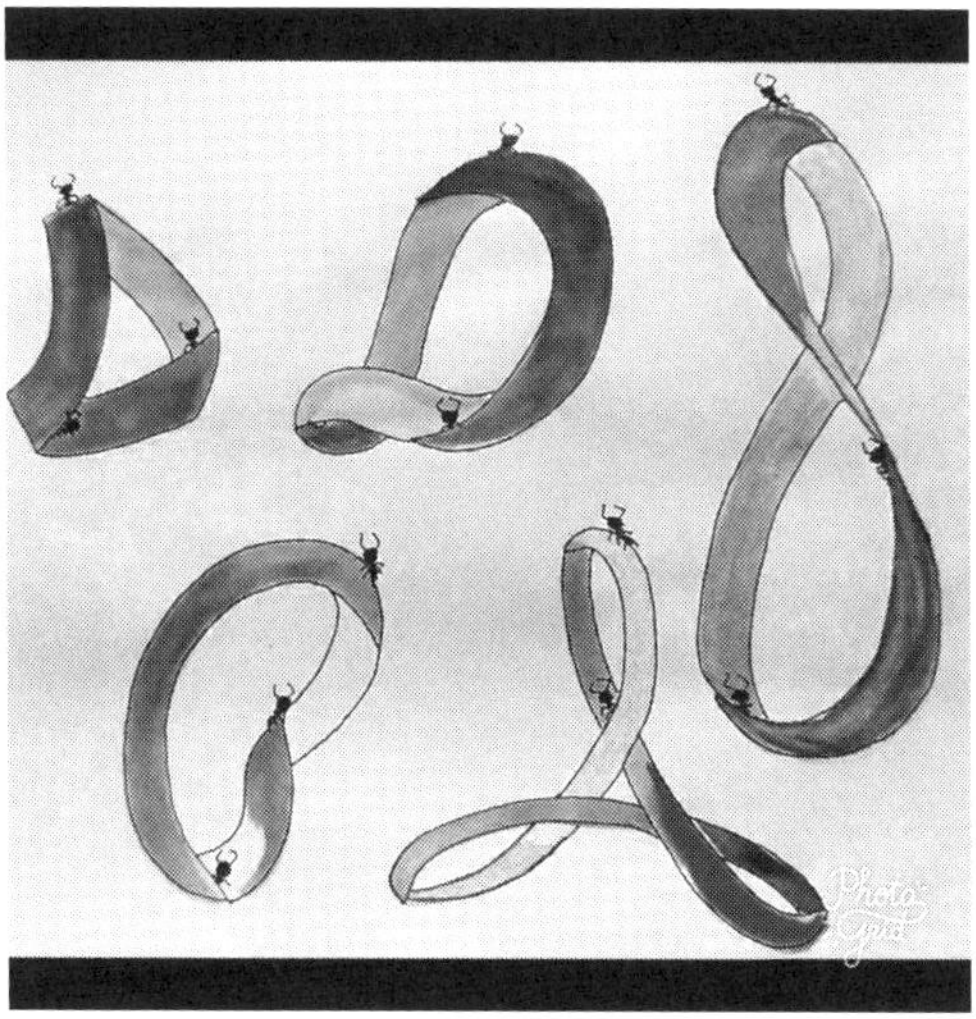

メビウスの帯（上野眞澄画）

メビウスのような形をした二次元の世界を想定した場合、そこに住む「平面人」が〈メビウスの帯〉を一周して出発地点に戻ってくると、臓器などは反対側に付いたりして、元の自分の鏡像になる［ピックオーバー 2007: 158-63; 瀬山 2018: 216-26］。〈メビウスの帯〉には、「向き付け不能」と呼ばれる数学上の課題があるのだが、以下ではその点を不問にした上で話を進める。

中沢新一は、一つの面しかない、すなわち「表と裏の区別がない」この位相幾何学のモデルを用いて、生者の世界と死者の世界が一つながりになっていたであろう「古代人」の心のありように接近している。〈メビウスの帯〉の一つの面の上に蟻を一匹載せて、中心線に沿って歩かせると、蟻は表の面を歩いているうちにいつの間にか裏の面に出てしまう。蟻がもう一度表の面に出るためには、そのままとっとことっとこと歩き続けるしかない。

> 生者の世界がこの見えない流動体をとおして死者の世界に連続していく様子を、この図形はもののみごとに表現してみせることができる
>
> ［中沢 2003: 97］

中沢によれば、生と死が一つながりになっていた、新石器時代の人々の精神性の重要な側面を示している事物がある。死者を埋葬した墓地を囲い込むように作られ、死と隣り合わせで生が営まれていた縄文時代中期の「環状集落」や、死の領域に属する「蛙」の背中から「新生児」誕生の瞬間が描かれた、同じく縄文中期に作られた「人面つき深鉢」（今から約四千五百年前の縄文土器）である［中沢 2003: 98-103］。それらの墓地と土器は、〈メビウスの帯〉的な思考、つまりアニミズム思考の表れだといえるだろう。

ところが、縄文後期になると、例えば、三内丸山遺跡で、墓地は集落と外界を結ぶ道路の両脇に配置されたように、死者の世界が生者の世界から空間的に切り離されるようになる。〈メ

ビウスの帯〉に決定的な変化が起きたのである。中沢はその変化を、〈メビウスの帯〉の中心線に沿って、鋏を入れて真ん中で切り裂く、〈メビウスの帯の切り裂き〉の喩えで説明している［中沢 2003: 103-5］。それによって、〈メビウスの帯〉から筒ないしはリングへと形状の変化が起きる。〈メビウスの帯〉を切り裂くと、表と裏の区別ができる。つまり、世界が生者の住む世界と死者の住む世界、こっち側とあっち側という二面にくっきりと分かれるのだ。

〈メビウスの帯の切り裂き〉とは、生と死、「ほんと」と「うそ」などを截然と分ける「二項対立の世界」の出現を視覚化して示すモデルである。他方、〈メビウスの帯〉という位相幾何学はここでは、人と蛇、自と他などを容易に切り離すことができず、一つながりのものとみなす、人獣や自他未分の『蛇を踏む』の世界の喩えである。人と蛇は、色を塗り分けることができない一つながりになった面の上、すなわち〈メビウスの帯〉の上を生き、出会っていたのである。

還相論のほうへ

『蛇を踏む』の土台には、人と蛇は別々の種だとされる現実がある。蛇はしかし、種と種の間を自在に往きつ戻りつする存在者として現れる。ヒワ子の住む現実世界では、人と蛇の間でゆるやかに共有される「人間性」が描かれる。読者はそこに、アニミズムがゆっくりと動き出すさまを感じるだろう。

人と蛇はまた、あたかも、浄土への「往相《おうそう》」と浄土からの「還相《げんそう》」の往還を含む浄土思想における衆生のようでもある。親鸞の「還相論」では、阿弥陀仏の本願により「浄土」に往生した衆生が「穢土《えど》」へと再び還ってきて、反転して衆生を救う。その往還過程は、評論家・吉本隆明によれば、穢土すなわちこちらの迷いの世界に、浄土すなわちあちらの世界における慈悲の視点を招き入れ、その両方を包括することによって、豊かな智慧を練り上げるための原基となる［吉本 1983; 2012］。

還相論が、吉本隆明が述べるように、「われわれの思惟のなかに普遍的にある問題を提出している」［吉本 1983: 354］のだとすれば、それは同時に、アニミズムの問題でもある。人が蛇の世界に往って蛇となり、蛇が人の世界に来て人になる。それは、種を切り分けて理解する仕方では到達し得ない、包括的な一つの智慧を示している。

翻って川上文学は、アニミズムを見極めようとする私たちに深いインスピレーションを授けてくれる。〈メビウスの帯〉の面の上を歩むように、人は蛇の世界に誘われて蛇になったり、逆にいつの間にか蛇が人になったりという状態が連続的に立ち現れる。人が動物であり動物が人でもあり、自が他であり他が自でもある、往相と還相の途切れのない過程の内側にアニミズムが畳み込まれている。

4 壁と連絡通路

アニミズムをめぐる二つの態度

アニミズムに築かれた壁

「暗黒の壁」は、アーサー・C・クラークの短篇SF小説である〔クラーク 2007〕。主人公シャーヴェインが住む惑星には、巨大な太陽である「トリローン」がつねに地平線上に上っていて、惑星の人々に夜は来ない。だがその惑星には、太陽光が届かない「影の国」と呼ばれる場所があった。その先に「暗黒の壁」があって、シャーヴェインは、その向こう側に行くことを企てる。

彼が壁を越えて旅を続けている間に、シャーヴェイン家三代の教師を務めるグレイルは、シャーヴェインの祖父であるブレイルドンに対して、私たちの世界は「壁の線に沿って終わっておるのだ——しかも終わりではない」〔クラーク 2007: 119〕という謎めいた言葉を吐く。同時に、手に持っていた紙テープの両端をひねってくっつけ、それをブレイルドンに差し出しながら、指でそのテープをたどってみるように命じる。指示に従ったブレイルドンは呟く。

> ただひとつの連続した面、つまり片側だけの面になっています
>
> 〔クラーク 2007: 121〕

それは、一つながりの面からできた図形だった。

教師グレイルは、紙テープの端をひねって作った図形が、惑星の祖先たちの古代宗教において広く使われていたのだと述べる。小説の中では言及されないが、その図形とは〈メビウスの帯〉である。

シャーヴェインはその後、「暗黒の壁」の向こうから惑星に還ってくる。直前、壁を越えるために築かれた長い石造りの階段が首を垂れ、崩れ落ちる光景を幻視する。壁を越えたところに広がる世界を一周して還ってくれば、内臓の位置や利き手が反転してしまう危険があること

を惑星の人々に秘密のままにしておくために、祖先が巨大な階段を破壊したという解釈がある［ピックオーバー 2007: 240］。

「壁には向こう側がないことを、彼ほどよく知る者はなかった」［クラーク 2007: 123］という言葉でその物語は締めくくられている。シャーヴェインは「暗黒の壁」の向こう側から帰還し、身をもってその秘密を知ったのである。

壁の向こう側は一つながりの面で、歩いているうちに裏側に往って、そのまま表側に還ってくることになる。つまり、〈メビウスの帯〉のような世界が広がっている。壁の向こう側の世界とは、こちらとあちら、生と死、人と動物などという二項の瞭然たる切り分けから成る、惑星のこちら側に住む私たちの現実世界の実在と秩序を無効にしかねない世界であり、その危険性ゆえに祖先たちの叡智により、「暗黒の壁」によって隔絶されたのである。壁によって封じられたのは、一方から他方へ、他方から一方への自由な往還を可能にする高次元の世界なのであった。

ところで、「暗黒の壁」によって閉ざされたのは、アニミズム的な世界との連絡通路だったのだとは言えないだろうか。壁の設置は、〈メビウスの帯〉から筒ないしはリングへと形状変化し、表と裏の区別を生じさせ、生者の世界と死者の世界、こっちとあっちという二面を隔てる〈メビウスの帯の切り裂き〉と論理的に等価であろう（第3章参照）。

歩いているうちに死の世界を通り抜けて、そのままふたたび生の世界へと帰還するアニミズム的な世界は、現実世界にけっして流れ込んだり、こちら側に出没したりしてはならない。それらを締め出してしまわないと、世界の秩序は根底から崩壊してしまうのだ。

だが、〈メビウスの帯〉状の世界を知った人たちの中に、「暗黒の壁」を築いて、惑星へのアニミズムの侵入を喰い止めようとした人たちがいたのとは逆に、あちらの世界やそこに住まう存在者たちと交わって、それらとの連絡を洗練させることによって、アニミズムを一つの完成された様式にまで高めた人たちがいた。〈メビウスの帯〉、すなわちアニミズム世界との連絡通路を残しておくことで、現実世界をより豊かにしようと努めた人たちがいたのである。〈メビウスの帯〉状の世界に対する人類の肯定的な思考の典型を、アイヌの儀礼「クマ送り（イヨマンテ）」に見ることができる。

アニミズムの様式としてのクマ送り

アイヌの人たちは、人が使ったお椀や道具、狩猟したクマやキツネなどの動物の魂を神（カムイ）の世界へと送る儀礼を行なってきた。器や茣蓙《ござ》などのモノは、長い間の苦労をねぎらわれ、ゆっくり休むように感謝の言葉を述べられた後に祭壇へと運ばれ、神の世界へと送られてきた［藤村 1995: 213-4］。そうした「送り」の儀礼の中でも特によく知られているのが、クマ送りである。

アイヌにとって、クマは人の世界に肉と毛皮という「みやげ」を持ってやって来る神の化身だと考えられてきた。神はクマの毛皮に肉を詰めて人の世界を訪れ、人によって殺される。それは、アイヌ語では「マラプト・ネ（賓客になる）」と表現される。神は毛皮や肉を人に与える代わりに、歌や踊りで歓待され、たくさんのみやげをたずさえて、ふたたび神の世界に還っていく。そして神の世界でみやげをふるまいながら、歓迎を含め、素晴らしい人の世界の様子を語って聞かせる。

こうした存在論――人間にとってたいへん都合のよい考え方で、クマが聞いたらそんなばかな（笑）というにちがいない［梅原 1995: 38］――の土台の上に行なわれるのが、クマ送りだった。それは、クマの魂を送る儀礼である。子グマを手に入れ、飼育した後にクマを殺して祀り、饗宴を催すクマ送りは、アイヌ、ニヴフ、ウィルタ、ウリチ、オロチなど北海道、サハリン、アムール河口流域で行われてきた［池田 2013: 84］。

実際には、アイヌの人々は子連れのクマを捕えると、母グマを食べてその魂を送った後、子グマは人の子と同じように可愛がって、食事もよいところを先に与えて育てたという。子グマが一、二歳になると、クマ送りを行った。幾日も前から念入りに準備をした後、大勢の客を招いて祭宴を催した。

儀礼の当日、檻の中から子グマに縄をつけて引き出し、花矢をあてて興奮させた後、本矢を放って締め木で首を絞めて息の根を止める。魂が身体を離れると、クマの体を祭壇の前に置き、肉をみなで食べた後、魂を神の世界に旅立たせる。その後、頭骨の皮を剝《は》いで首飾りをつけて飾りつけ、鮭などのみやげとともに祭壇に供えて、神の世界に無事に還るよう祈る。文化人類学の教科書では、クマ送りは「自然現象やものを、人間同様の生きた存在とみなす考え方」であるアニミズムとして取り上げられている［松岡 1993: 154］。

アイヌにとって神の世界とは、人の世界から超越した他界ではない。両者の間には、つねに連絡と交換が行われている。そうした事態をアニミズムと呼ぶのは簡単ではあるが、大切なのは、アニミストたちの精神の中でどんなプロセスが起きているのかをできるだけ正確につかみ出すことだと、中沢新一は述べる。

この世界と同じところにあるのだけれども、実在の次元のちがう領域に、アイヌの「霊の世界」はあります。神々のすむその霊的な世界は、人間の世界を包み込み、そこにエネルギーを送りこもうとしています。しかもそのエネルギーは、善なる力にみちあふれ、人間の生命と精神を養ってくれるような、ありがたいものなのです…（中略）…神々が人間に善なるエネルギーを放射しようとするときには、そのエネルギーは霊的な高次元体が人間の世界に触れる境界面上で、肉体をともなった動物の生命にかたちを変えるのです。つまり、その境界面上で、神々のエネルギーは、「動物の仮面」を身にまとって、人間の世界に登場してくることになるのです。

［中沢 1991: 301-2］

中沢によれば、人間の世界と実在の次元が異なる領域に住む神々は、境界上のどこかでクマに「変身」して、人間の世界にやって来る。神々がまとうのがクマの「仮面」であり、また神々は、生命と精神を養ってくれる聖なるエネルギーを人間にもたらしてくれる。

しかしクマ（神）が、人の世界と神の世界の間を往来するのは一度だけではない。クマ（神）は何度も何度も、人と神々の世界をつなぐ連絡通路を往還する。ここでは、位相幾何学のモデ

イヨマンテを描いた絵。寛政12年（1800）。
秦檍磨（村上島之允）「蝦夷島奇観」より。東京国立博物館所蔵　Image: TNM Image Archives

ル（第3章参照）を用いて、クマ（神）が人の世界と神々の世界を往ったり来たりする、ループ状の往還過程を探ってみよう。

クマ送りを題材にして書かれた池澤夏樹の創作神話『熊になった少年』［池澤 2009］が、そのための打ってつけの素材である。その話の軸は、アイヌのクマ送りをひっくり返して、クマを人に置き換えて、人がクマの世界に往き、ふたたび人の世界に還ってくるというストーリーである。「暗黒の壁」でシャーヴェインが壁の向こうに往って還ってきたように、人がクマの世界に往って還ってくる。

アニミズムの連絡通路での無限のループ

イキリという名の少年は、クマを飼って暮らすトゥムンチの一族だった。トゥムンチは、自分たちが強いためクマが獲れると思っており、アイヌがやっているように、クマ送りをすることはなかった。子グマは飼い育てるが、残り物を与えていじめ、大きくなると殺して食べるだけだった。

ある日、イキリが叔父についてクマ狩りに行くと、母グマに巣穴に案内される。そこには、二頭の子グマがいて、兄弟として一緒に暮らす。みなで遊んでいるうちに傷がもとで黒い毛が生え、イキリはクマになる。山から山を遊びまわっているうちに秋になり、冬になる前に冬眠し、春になるとイキリは母グマから追い出され、独り立ちする。

ある日、イキリであるクマは人間に出くわす。弓矢で射抜かれて、本来の人間であるイキリに戻る。トゥムンチの村に帰り、イキリは母グマと兄弟たちのことをみなに話し聞かせ、狩りをしたらクマの魂が神の世界に行けるように、クマ送りをするように頼む。しかしトゥムンチの人々は口々に、そんなアイヌのようなことはできないと言い張って、これまでと同じようにクマを狩り続けるだけで、けっしてクマ送りをしようとはしない。悲しくなったイキリは高い崖の上から身を投げて、その魂は正しい者の国に生まれ変わる［池澤 2009］。

池澤は、幕末期に北海道に入植した祖先のアイヌとの交流を文学作品にする過程で得た、アイヌのクマ送りに対する深い理解に基づいて、この創作神話を紡ぎ出したのである。傷をつけることは、アイヌにとって「死」を意味し、魂が器などのモノから離れることを促す作法だとされる［中川 2019: 145］。『熊になった少年』の中では、クマと遊んでいるうちに傷を負うことでイキリがクマになり、弓矢の傷によってクマがイキリに戻るという二度目の「変身」をつうじて、人→クマ（神）→人というループが完成しているように見える。

しかし、最後にイキリが自ら己の魂を送ることで正しい者の国、すなわち神の世界に旅立ったのだとすれば、人はさらにループの次の局面に入ったことになる。人→クマ（神）→人→クマ（神）である。このことはおそらく、さらに次の局面への再入を予感させる。

人→クマ（神）→人→クマ（神）→人……

人とクマ（神）の連絡通路は、歩いていくうちに、知らない間に他なる世界に入り込み、他なるものになっているという〈メビウスの帯〉に喩えることができよう。『熊になった少年』

では、人とクマ（神）が、〈メビウスの帯〉の連絡通路の上で、無限の往還を繰り返す。人の皮を被った存在者はクマの皮を被ったり、また人の皮を被った存在者に戻ったりする。そのループに終わりはない。

無限に往還するループは、アイヌの人たち自身によっても、研究者によっても、様々なヴァリアントで語られる。人類学者の山田孝子は、別の観点からそのことを述べている。

> 静内のある古老は次のように語っていた。「カムイは人であり、人はカムイである」。カムイはカムイ・モシリでは「人」の姿をして暮らし、アイヌ・モシリを訪れるときにのみ神格化されたカムイとなって登場するのである。逆に、人間はアイヌ・モシリにおいてのみ「人」であり、死後、すなわちカムイ・モシリを訪れることによって人はカムイに変態するのである。
>
> ［山田 1994: 107-108］

モシㇼとは、大地、世界、住む場所のことである。山田によれば、神々の世界では神は人であるが、人の世界では神となって現れる。人も死後に神々の世界で神となる。アイヌには、神が人であり、人が神であるような世界がある。そこでは、クマとは、神と人の無限のループにおける表れの一様態である。

神のミアンゲ（みやげ）――もともと「身をあげる」の意［梅原 1995: 33］――であるクマの肉は人に食べられ、人の生を可能にする。人は老いて死に、屍が土にふたたび還るとともに、人の魂は神々の世界に向かう。そこで人は神になる。神はまたクマとなって、ミアンゲを下げて人の世界に降りてくる。人とクマ（神）の無限のループ構造は、アイヌの人たちの生命現象への直観に支えられている。

そのループには、ひねりが入っている。それは、筒やリングのような、裏と表が分かれている輪っか状のものではない。輪っかの上を歩むかぎり、表から裏に通り抜けることはできない。〈メビウスの帯〉には裏と表がないため、こちら側から出かけて往って、あちら側を知らない間に通過し、いつの間にかこちら側に還ってきている。

表と裏の区別がなく、一つの連続した面からなる〈メビウスの帯〉の上でイキリがクマになり、クマがイキリになったように、入れ代わり立ち代わり、人は神になり、神は人になる。神は人の前にはクマとなって現れる。壁によって遮断されていないがゆえに、人の世界と神々の世界の間は、表裏の区別がない連絡通路でつながっていて、自由な往還が可能なまま残されてきたのである。

我々はアニミズムを閉ざしてしまっていないか

ところで、クマを神であるとするベーリング海峡の東西を跨ぐ地域に住む先住民たちの集合的な記憶を扱った著書『熊から王へ』の中で中沢は、人間と動物の間の連続的な関係を想定する「対称性思考」の広がりの南限は、アイヌの世界にあると見ている。そこから南下していくと、人間が動物に対して優位に立つ「非対称性思考」が支配的になるという。

かわりに登場してくるのが、人間の生物圏における圧倒的な優位を少しも疑わない人々です。この人々は、自分だけは食物連鎖の環から超越した存在であると思い込み、動物たちを自由に家畜にしたり、動物園に囲い込んだり、スポーツとなった狩猟で動物たちを殺してもかまわないと思うようになります。少なくとも、そういうことに疑いを持たない人間となるのです。

［中沢 2002: 28］

『熊になった少年』では、アイヌより南方に住んでいるのは、トゥムンチということになる。さらに言えば、それは大和民族でもあるのだろう。

池澤が描くトゥムンチは、人間の力、自らの力のみを信じて疑うことがない民族だった。彼らはけっしてクマ送りをすることはない、アニミズムの連絡通路を壁で閉ざしている人たちとして描かれていた。それに対し、アイヌの人たちは、クラークのSF小説「暗黒の壁」で危険視され、封じ込められたアニミズム的な世界と、〈メビウスの帯〉の連絡通路をつうじて交流し交換することによって、アニミズムを一つの様式にまで高めたのではなかったか。

アニミズムは、「始めと終わりがつながっているのである。はじめが終わりで、終わりが始め。その間に無時という不思議な時が折り込まれている」［岩田 1993: 144］。アニミズムの連絡と交換は無時ないしは「同時」に行われる。

5 往って還ってこい、生きものたちよ

異次元に往って還ってきた地下鉄

幻想数学短編小説と銘打たれた「メビウスという名の地下鉄」［ドイッチュ 1994］という小説がある。そこで描かれるのは、アメリカ・ボストン市のうんざりするような複雑な地下鉄のネットワークが生み出した〈メビウスの帯〉的な世界である。

地下鉄の八六号電車が三百五十人の乗客を乗せたまま、ある日忽然と消えてしまう。三日後まで誰もそのことには気づかない。代数学者は、地下鉄が高次元的に連結され、一つの面から成る〈メビウスの帯〉的なものになったため、電車が消えてしまったのではないかと推測す

る。地下鉄の総支配人はその推論に同意し、電車は路線上にいるはずだと指摘する。

その通り、消えてしまってから十週の後、八六号電車は突然その姿を現し、警察が全乗客を保護する。しかしその直前に、今度は一四三号電車が消えてしまう……。

「地下鉄網はいつしかとてつもなく複雑になって、大きな弧を描くようになって、異次元空間にまで入り込んでしまう」［ピックオーバー 2007: 241］ことによって、電車が〈メビウスの帯〉のあちら側に往ってしまったのだ。〈メビウスの帯〉には一つの面しかなく、消えた電車はそのうちこちら側に還ってくる。電車は、三次元の世界を超えて知らない間に四次元世界に入り込み、再び三次元世界に還ってくるのだと言い換えてもよい。

こちら側があちら側であり、あちら側がこちら側でもある、一つの面しかない連絡通路を通って往って還ってくるという意味で、それはまた、一種のアニミズムでもある（第3章、第4章参照）。

本章では、アニミズムが、目に見えるかたちで形象化された、日本国内のあちこちにある「生きもの供養碑」（石碑）を取り上げる。生きもの供養碑をつうじて、路線上を異次元にまで往って還ってきたボストンの地下鉄の電車のように、生きものの霊や魂がこちら側とあちら側を往還する動きを探ってみたい。

生きもの供養碑とは

話を進める前に、生きもの供養碑に関してかいつまんで述べておきたい。

民俗学者の田中宣一は、日本の各地で営まれている生きものに対する供養行事は、アニミズムの流れを背景にしつつ、長い間にわたって仏教思想で培われた精神の結果生まれたものであると述べている〔田中 2006〕。これに対し、歴史学者の中村生雄は逆のことを言う。宝塔供養や鐘供養のように仏事としての供養が行われ、針供養や人形供養などとして年中行事化したが、その後供養対象がモノから死者の霊に拡張され、死者の追善供養が行われるだけでなく、その形式が動物などにも適用され、草木塔のように植物にまで広がっていったという〔中村 2001〕。生きものに対する供養は、アニミズムから発し、仏教の影響を受けて広がったのか、あるいは仏教的な行事から始まったのか。供養の対象とその思想的な背景の先後関係に関しては研究者の間で見解の一致は見られていない。

それはともかく、人類学者の中牧弘允《ひろちか》が指摘するように、花や魚から迷子郵便に至るまでアニミズムが日本各地で供養碑などに結晶化している〔中牧 1990〕。民俗学者の木村博によれば、動植物に対する供養とは、「広義の『鎮魂の民俗』」［木村 1988：389］である。供養の対象を多方面に拡張してきた日本人の態度の背景に見ることができるのは、人間が食べるために生命を奪った生きもの、死んでしまった存在者、愛着を感じていた生きものなどに対して弔いや慰霊などを行なってきたし、今も行なっているという事実である。日本人には――日本人に限ったことではないが――、様々な対象やモノに対して、アニミズムを行なう精神性が深く広く浸透してきたと見ることもできる。

仮に、こうした見方がこれまでのアニミズムの一般的なイメージなのだとすれば、以下では、特定の地域のアニミズムの形象に焦点をあてて、その本質をもう一歩先にまで行って探ってみたいと思う。日本の全国各地に、「生きものに対する供養や鎮魂の念を形象化した」石碑が点在する。石碑の表面には獣魂碑、鳥獣供養碑などの文字が刻まれている。決まった呼び名はないが、それらをここでは、「生きもの供養碑」と呼んでおきたい。神奈川県相模原市を歩いて、いくつかの生きものの供養碑を見に出かけよう。

ＪＲ東日本相模線の上溝駅近くの上溝ＪＡの敷地内には、蠶影《こかげ》神社の社がある。蠶影神社の本社は茨城県つくば市にあり、その信仰圏は南関東甲信地方にまで広がっている［相模原市史編さん室 2004: 101］。その小さな本殿の脇には、〈蠶霊《さんれい》供養塔〉が建っている。高さが一メートルにも満たない、小さないしぶみである。裏面には「昭和六年十月十六日建立」と刻まれている。

上溝ＪＡの職員によれば、その場所に蠶影神社がいつどういう経緯で勧請されたのかについてははっきりしないが、現在でも毎年一月にＪＡ関係者によって豊蚕《ほうさん》祭が行われている。ご神体は盗難を恐れて、事務所の中に安置されているという。ＪＡに来ていた女性は、この地に嫁いできた昭和三十九（一九六四）年には「おかいこ」と称する、蚕の霊（蠶霊）の供養行事が行われ、それは昭和四十年代までは続けられていたと語った。

その様子は『相模原市史　現代図録編』で確認することができる。キャプションには、「蚕影神社　上溝　一九七〇年代　蚕神を祭った神社で、養蚕の豊蚕を願い、盛んに信仰された。蚕は『オカイコサマ』と呼ばれ、大事にされた」［相模原市史編さん室 2004: 101］とある。

日米修好通商条約締結の翌年の安政六（一八五九）年に開港された横浜港には、輸出用の生糸

神奈川県相模原市内の生きもの供養碑

が集積されるようになった。津久井や八王子方面で生産された生糸が、「絹の道」をつうじて横浜に運ばれた。

水田に乏しく、米の収穫が少なかった相模原一帯で養蚕が行われるようになり、明治以降に農家の大きな収入源となった。農家には中二階が設けられ、養蚕専用の蚕室が建てられたりした。繭は農家で生糸にされ、機織りも行われた。明治三（一八七〇）年に生糸や繭などの商取引のために上溝市場が開設され、その後上溝は商家が立ち並ぶ商業地となる。

昭和二十九（一九五四）年には、相模原市の桑園面積は六百ヘクタール、養蚕農家は二千五百戸で、神奈川県下の三分の一の繭の生産量を誇ったが、その後養蚕業は、都市化とともに衰退の一途を辿った［相模原市史編さん室 2004: 100］。

養蚕が盛んだった時代には、相模原市では様々な神仏が養蚕守護とされていた。特に、上鶴間の蚕守稲荷神社が人気を集めただけでなく、一帯で養蚕に関わる儀礼や信仰が広く見られたという［相模原市史編さん室 2010: 101］。

豚霊碑と蚕霊供養碑

豚霊碑

ＪＲ相模線の原当麻駅前のＪＡの敷地内には、〈豚霊碑〉が建っている。昭和四十二（一九六七）年に建てられたその碑の裏には、従来のように農家が米作りをしながら豚を飼い育てて売る形態では経済が立ち行かなくなり、畜舎を設けて専業としての家畜業に乗り出したことが記録されている。農業協同組合が中心となって高品質の豚を導入し、販売先を開拓して、豚の生産と販売を開始した。昭和三十七（一九六二）年に群馬県から導入された子豚が繁殖を繰り返して、その五年後に年間一万頭出荷を達成した。関係者はそのことを祝してこの豚霊碑を建てた。その碑から読み取れるのは、豚の霊に対する弔いだけではなく、経済的な成功に対する顕彰である。「一万頭年間出荷達成を祝と共に豚霊碑を建立する」とある。

相模原市内には、明治時代から豚を飼育する農家があったが、養豚経営が行われるのは大正時代になってからである。イギリスから「中ヨークシャー種」の豚が輸入され、広く飼育されるようになったのが「高座豚」である［相模原市史編さん室 2004: 106］。農業も養蚕も養豚もやるかつての多角経営から、昭和三十年代から四十年代にかけて、養豚専業へと経営を一本化する農家が現れたことが［相模原市史編さん室 2010: 107］、豚霊碑建立の背景にある。

豚霊碑の向かって左には、それよりもひとまわり小さい〈畜霊塔〉が建っている。昭和十八（一九四三）年三月に、麻溝搾乳組合によって建てられたとある。豚霊碑は、〈畜霊塔〉建立の二十四年後の建立である。

鮎供養塔

高田橋は、相模原市の水郷田名と愛甲郡愛川町の角田を結ぶ、相模川に架けられた橋である。高田橋の橋脚の脇に〈鮎供養塔〉が建っている。

鮎供養塔と畜霊塔

相模川は、山梨県の富士五湖を水源として神奈川県に入り、相模湾に注いでいる。相模川は現在の相模原市付近では「鮎河」とも呼ばれ、鮎漁で知られていた。江戸時代には相模川の鮎は、江戸本丸御用として上納されていた。また、かつては鵜飼による鮎漁も行われていた。現在でも相模川では鮎釣りが盛んで、毎年六月一日の解禁日には多くの釣り人が訪れる［相模原市史編さん室 2004: 60］。

鮎供養塔の裏面には「相模川第一漁業協同組合　昭和三二年四月」という文字が刻まれている。それは、鮎の供養のために、地元水郷田名観光協会によって建てられたとされる［相模原市史編さん室 2004: 60］。

畜霊碑

かつて屠畜場があったとされる場所の跡地に建てられた現在のＪＡ全農ミートフーズの敷地内に、ひときわ大きな〈畜霊碑〉が立っている。表面には、「神奈川県知事　津田文吾書」とある。裏面には、以下の文字が刻まれていた。

相模原は畜産団地として全国に名を知られその生産数は五十億円を突破し本市農家の基盤となっている。とくに関係者一同先人の労苦を偲ぶとともに犠牲となった家畜の霊を慰めるため碑を建て今後の畜産の隆盛を祈念

相模原市酪農家一同
養豚家一同
養鶏家一同
食鶏家一同
上溝肥育牛組合

相模原市農業協同組合
株式会社北相高崎ハム
昭和四十五年九月彼岸建立
相模原畜霊碑建設委員会　委員長　小泉保雄

「関係者一同先人の労苦を偲ぶ」ことと「犠牲となった家畜の霊を慰める」こと、さらには「今後の畜産の隆盛を祈念」が碑文にうたわれている。

相模原の畜産業は、明治二十九（一八九六）年にまで遡る。その年、上溝に豚肉の処理・加工場が建設された。豚は横浜と畜場まで運んで処理しなければならなかったため、輸送費の軽減が図られたのである。昭和三十五（一九六〇）年に、株式会社相模原と畜場がその事業を引き継いでいる［相模原市史編さん室 2004: 107］。昭和五十（一九七五）年には、財団法人相模原食肉公社・相模原食肉センターに継承され、それは平成十三（二〇〇一）年に閉鎖されている［相模原市史編さん室 2010: 108］。

相模原アニミズム・シティ

相模原市を歩いて、いくつかの生きもの供養碑を見てきた。人類学者・田口理恵の言葉を引きながら考えてみたい。

> 中世やそれ以前の出来事を伝える由来や伝承を持つ碑もあるが、捕鯨や漁撈など、人が生命を奪った生き物を想って建てた供養碑が登場するのは江戸時代になってからといえるだろう。殺生した生き物のための供養碑は、江戸時代以降も建てられ続け、二一世紀建立の供養碑も少なくない。しかも碑の建立は、近代になってより盛んになり、明治以降の供養碑の増加は、供養主体や供養対象、建立契機の多様化とともに進んできたといえる。供養碑には、それを建てた人々の自然や生命への思いとともに、建立時の時代状況が刻み込まれている。
>
> [田口 2012: vi]

明治以降に盛んに建てられるようになった供養碑は、水域の生きものを祀った碑に限られるわけではない。あらゆる生きものの供養碑が、明治以降に盛んに建てられるようになった。相模原の事例からも、同じように言うことができる。

相模原市内の生きもの供養碑の建立は、少なくとも一部が、明治以降の産業化の過程に対応している。上溝の蠶霊供養塔は昭和六（一九三一）年、原当麻の畜霊塔は昭和十八（一九四三）年、高田橋の鮎供養塔は昭和三十二（一九五七）年、原当麻の豚霊碑は昭和四十二（一九六七）年、JAの畜霊碑は昭和四十五（一九七〇）年にそれぞれ建てられている。蚕の霊、乳牛の霊、鮎の霊、豚の霊、家畜の霊が祀られている。それらは、養蚕業から畜産業へという、相模原市内の産業の移り変わりになだらかに照応する。

民俗学者の松崎憲三は言う。

> 石碑は、地域社会の人びとの共同意志に基づいて建立されたものであり、そこには、その時々の人びとの心の在り処が刻み込まれている。
> ［松崎 2004: 103］

蚕で生計を立てていた時代には、人々は蚕の霊を慰めつつ、豊蚕や養蚕業の隆盛を祈った。

養豚業が盛んになると、人々は豚の霊を慰めつつ、その養豚業の成功を祝った。畜産業が行われるようになると、人々は犠牲となった家畜の霊を慰めつつ、畜産のさらなる隆盛を祈念した。自らが生命を奪った生きものに対する供養だけでなく、各時代の生業の発展を祈ることによって、相模原市は明治以降の産業化の時代に「アニミズム・シティ」となったと見ることができるのかもしれない。

現・相模原市では、一九三〇年代後半に陸軍施設が開設され、養蚕を主とする農村から軍事都市への発展が目指されて、都市建設区画整理事業が始められた。ここで見たように、相模原が「シティ」になっていく時代に合わせるかのように、生きもの供養碑が建立されている。アニミズムはけっして過去の遺物ではなく、近代都市の勃興とともに生み出される精神の産物なのである。このことを踏まえて生きもの供養碑がどのような意味でアニミズムであるのかという点について考えてみよう。

通路としての供養塔

相模原市の事例から言えるのは、生きもの供養碑は、「生きものに対する供養や鎮魂の念を形象化した」というだけではない、ということである。生きもの供養碑の建立はまた、人間が生きることを確かなものにしたいという望みによって支えられてきた。生きものの霊や魂をあちらへと送り込むことによって、こちらへの見返りが願われる。そうした往還の構造がそれらのいしぶみには潜んでいる。

それは「メビウスという名の地下鉄」で描かれた、電車が線路を辿っているうちに知らない間に高次元の世界へと入って往き、そのうちに線路を通って再び還ってくるという往還のプロセスと構造的に同じものである。違いは、それが複雑な地下鉄網によって図らずも築かれてしまったのか、人々の努力によってつくり出された形象のうちに表されているのか、である。

こちらがあちらであり、あちらがこちらでもある、一つの面から成る〈メビウスの帯〉状の通路のあちらの方へと蚕や豚や鮎や家畜など（の魂）を送るために、人々は力を合わせて生きもの供養碑を建立する。そのことは、生きものたちの魂を鎮めたり、供養したりするためだけではない。同時に、人々は生きもの供養碑を介して、生きものがあちらからこちらへと還ってくること、つまり、多くの生きものたちが自分たちのもとにもたらされてきた僥倖を永続化することを祈念する。

アニミズムにおける往相と還相のテーマは、アイヌのイヨマンテにおいて指摘したとおりである（第4章を参照）。生きもの供養碑のアニミズムを考える場合、生きものたちをあの世へと送り込むという一回きりの動きとして捉えるだけでは十分ではない。生きもの供養碑は、あちら（あの世）に往くだけでなく、こちら（この世）に還ってくることの形象化だと捉えるべきではないだろうか。

吉本隆明は、「死を生の延長線に、生を打切らせるものというようにかんがえなかった」［吉本 2002: 153］とした上で、「人間は生きながら常に死からの眺望を生に繰入れていなければならない」［吉本 2002: 153］という考えを親鸞の思想の核心に位置づけている。ことによると、そうした還相論的な浄土思想が、アニミズムに本来備わっていた〈メビウスの帯〉的な往還のテーマを強化するように働いたのかもしれない。いずれにせよ、還ってきたものは、次に往くものをさらに生み出す。

往相即還相、還相即往相

［鈴木・金子 2003］

生きもの供養碑に見られるアニミズムでは、生命を奪った生きものの魂が鎮められたり、供

養されたりするだけではない。同時に、人間の世俗的な救済が祈念される。生きものたちがこちらに還ってきたならば、「送り」がなされる。そのようにして、無限のループ構造を持ったアニミズムが作動しているのだ。

6 東洋的な見方からアニミズムを考える

往って還ってこい、鯨類よ

生きもの供養碑は、生きものをあの世に送り込むことによって、逆に、この世に生きる私たちにも物質的な救いをもたらすという往還のループに支えられたアニミズムであった。それは、「往って還ってこい、生きものたちよ」という人々の思いの一つのかたちである。イルカや鯨などの鯨類に対してもまた、日本の各地の沿岸地域で、捕鯨を生業とする人々によって、たくさんの供養碑が建てられてきた。

伊豆半島の安良里《あらり》では、戦中から戦後にかけて、イルカ漁の最盛期を迎えたという。一九五〇年代の経済復興期に、漁業者が大型船に乗るようになると、イルカ漁は次第に廃れ、一九七三年にイルカ漁は幕を閉じる。安良里には一八八二年、一九三五年、一九四九年建造の三基のイルカ（海豚）供養碑が建っている［関 2012: 58］。

房総半島の捕鯨の発祥地である安房勝山は、醍醐家が十六世紀後半から明治時代まで捕鯨の元締めを務め、捕鯨業で栄えた。一八三八年に醍醐家が加知山神社に寄進した祠《ほこら》があり、その周囲に幾つもの鯨の供養碑が並ぶ。かつては百二十基もの鯨塚があったとの記録もあるという。漁村社会学者の関いずみは、「同じ哺乳類でありながら、人間よりもはるかに大きな身体を持ち、海という異界に暮らすクジラに、人びとは敬意を抱いて対峙してきたのではないだろうか」［関 2012: 48-9］と述べている。

人々は鯨類に頼って暮らす中で、それら（の霊）を供養することによって、自らの暮らしの安寧をも祈り続けてきたのである。そうしたアニミズムを生み出す基にもなっている。鯨類、とりわけ小型鯨類であるイルカやゴンドウの捕殺が国際的に批判にさらされている［伴野 2015: 3］。

そのような批判と懐疑が強く前面化されたドキュメンタリー映画がある。二〇〇九年に公開され翌年アカデミー賞を受賞した『ザ・コーヴ』である。それは、紀伊半島南端近くの太地《たいじ》町の入江（コーヴ）で行われているイルカ漁の残酷さを告発するために制作された映画である。

以下では、こうした批判の動きの背後にある動物に対するどのような見方が横たわっているのかを眺めてみたい。そしてそれを、アニミズムを成立させている動物への態度と比べてみようと思う。そのことによって、アニミズムが何であるのかが、より明瞭に浮かび上がるだろう。

反『ザ・コーヴ』から見る「動物愛護」

出発点として、『ザ・コーヴ』の批判に対する反批判の映画を取り上げてみよう。『ザ・コーヴ』を観て、映画監督・佐々木芽生《めぐみ》は、制作者の独善性と、漁師たちに一方的に向けられた暴力性に違和を感じたと述べている。彼女は「日本側から『ザ・コーヴ』制作者へのきちんとした反論が聞こえてこないこと、そして太地という町がピンポイントで国際社会からやり玉にあげられてしまった不運に、驚きと大きな憤りを感じ」［佐々木 2017: 15-6］て、二〇一六年にドキュメンタリー映画『オクジラさま：ふたつの正義の物語』を完成させている。

佐々木は映画と同名の著書の中で、イルカやクジラやゾウなどの動物たち、チンパンジーやゴリラなどの類人猿は、「知能の高さ」ゆえに「動物愛護や環境保護の活動家」の手厚い保護を受けてきたことに注目している［佐々木 2017: 127］。

> 活動家たちが何をもって動物の知能が高いと考えているかというと、どうも人間のように感じ、振る舞うことらしい。人間のように仲間を思いやり、社会生活を営んでいる生き物に「賢さ」を感じる。つまり人間中心の考え方だ。
>
> ［佐々木 2017: 127］

佐々木はこう述べて、人間に近い知能を持ち、人間のように振る舞う動物たちだけを選りすぐって優遇する、人間中心主義的な動物の捉え方に疑義を呈している。

佐々木によれば、感情が豊かで権謀術数に長けたタコ、GPSなしで世界の空を毎年同じルートで何千マイルも旅する渡り鳥などは、保護されるべき動物とはされない。人間のような知能を持つイルカやクジラなどに人間は親近感を覚え、それらを寵愛してきたのだという［佐々木 2017: 129-30］。つまり、動物の間に差異があり、序列が存在する。佐々木の見立てでは、人間に近い知能とは、イルカが母系の群れで移動し、雌のイルカが共同で子育てをする、社会的な動物であることが、その理由の一つである［佐々木 2017: 132］。佐々木流の反『ザ・コーヴ』の観点に立てば、『ザ・コーヴ』がベースとする「動物愛護」の考えは、保護される対象に序列を組み込んでいる点で、こじれてしまっているのかもしれない。人間のように仲間を思いやり、社会生活を営んでいる知能の高い動物だけを選んで保護対象としているからである。

はたして、佐々木が問題だと表明する動物に対する考えとは、どのような態度なのだろうか？　以下ではまず、その歴史をごく手短に振り返ってみたい。

動物の支配から動物の解放へ

今日の動物の福祉や倫理を考える出発点となるのは、古代ギリシアのアリストテレスである。アリストテレスは、動物には感覚があるが、理性を欠き、自然界では人間よりも下位に位置づけられ、それゆえに人間のために供することができる資源であるとみなした。アリストテレスのこの動物観は、自らに似せて神が人間を創り、人間が動物を含めた自然資源を自由にしてよいとしたキリスト教によって強められることになった。こうした考えはまた、十七世紀のデカルト以降、十九世紀に至る西洋近代哲学の中にも広く深く入りこんできた。

十九世紀になると、動物を人間の劣位に置くこれらの考えとは相容れない科学思考が登場する。人間が他の動物から進化したと見るダーウィンの生物進化論である。動物は人間とは別の存在ではなく、進化という「連続性」の軸で捉えられるべき存在とされたのである。時をほぼ同じくして、動物の権利をめぐる最初の運動がイングランドで誕生している。

二十世紀の後半、一九七五年のシンガー『動物の解放』の出版は、今日の動物の権利をめぐる運動に大きな影響を及ぼすことになった。功利主義の流れを汲むシンガーは、脊椎動物が一般に、脳や神経の仕組みや行動が似ていて、人間と同じような感情を備えており、その意味で、人間だけが幸福になったり不幸になったりすればいいと考えるだけでは不十分であると唱える。西洋では今日、多くの人々が、動物の権利をめぐる運動に好意的で、動物の適切な取り扱いに関する諸課題と向き合っている［ドゥグラツィア 2003: 4-12; 伊勢田 2015: 129］。

人に近い動物から人に遠い動物へ

では、こうした今日の動物の権利をめぐる理念は、どのように実現されようとしているのだろうか？　シンガーはカヴァリエリとともに、『大型類人猿の権利宣言』を共同編集している。その本の中で、チンパンジー、ゴリラ、オランウータンは、道徳的に人間と平等に扱われる共同体の中に入れなければならないし、そのために国際的な連携を強めなければならないと主張している。

しかし、なぜ大型類人猿だけが対象とされるのだろうか？　彼らもどうやらその点に気づいていて、自問して以下のように述べている。

> 私たちは平等な共同体に受けいれるための基準を高くしすぎている。またそうすることによって、能力の点で私たちに劣る動物のほうの扱いを一歩も改善できないようにしているのではないか、あるいはより困難なものにしているのではないか、と。しかし、どんな基準も永遠に固定されたものではありえない。
>
> ［カヴァリエリ＋シンガー 2001: 288］

どうやらシンガーらは、道徳的に人間と平等に扱われる共同体に受け入れる動物の基準が高く設定されてしまっていると考えているようだ。またこの記述から、運動を進める過程で、

「能力の点で私たちに劣る動物」たちは放っておかれているというのが、シンガーを含めた運動家たちの認識であることもうかがえる。ただし、現状でのそのような基準は固定したままではなく、将来的にはその基準は撤廃されるべきだとも、考えているようである。

「新しい型の種差別」を生みだす危険もあることを、彼らは承知しているのだが、そのことは、人間以外の動物を人間と平等に扱われる共同体の中に受け入れるために通過しなければならない方便であると割り切って考えている［カヴァリエリ＋シンガー 2001: 289］。いずれにしても、平等な共同体に受け入れようとする理念から実践の局面に入り、運動は現段階では奇妙な種差別、捻じれた種差別を抱えこんでいるように見えてしまうのだが、いかがであろうか？

この点に関して、小説から一つのエピソードを引いてみたい。専門家の意見が聞きたいというより、一般にこうした実践がどのように捉えられているのかの一端を知りたいからである。上田岳弘の小説『私の恋人』の中で、反捕鯨団体の東京支部の集会に定期的に参加する恋人のキャロライン・ホプキンスが、主人公の井上由祐《ゆうすけ》に問いかけるシーンである。


「逆に聞きたいですけど、どうして、わざわざ鯨を食べる必要ありますか？」

「よくわからないな。牛とか豚はいいの？」

「ほんとうは駄目よね。でもひとつひとつすっきりさせないと、もっと駄目ですね？かわいそう、思うのは自分に近い存在だから。そうですね？　ロブスターより鶏かわいそう、鶏より豚かわいそう、豚より鯨かわいそう、鯨よりイノウエかわいそう。近いところからゆっくり広げていって、かわいそう、広げていくの」

［上田 2018: 35］

なぜわざわざ鯨を食べる必要があるのかと問う、反捕鯨集会に参加するキャロライン・ホプキンスに対して井上由祐は、牛や豚ならいいのかと問い返している。キャロライン・ホプキンスは、「かわいそう」の対象を、人間に近いところから始めて、遠いところへとゆっくりと広げていけばいいのだと応答している。

この「かわいそう」の中心をどんどん広げていくという発想がどうもしっくりと来ないのは私だけだろうか？　いつになったら、虫や微生物が全て含まれるようになるのだろうか？　動物なのか植物なのかはっきりしない変形菌（粘菌）は含まれるのだろうか、含まれないのだろうか？

少し言い過ぎてしまったかもしれない。ここでの目的は、動物の権利をめぐる思想や運動を批判することでは全くない。むしろ私自身は、それらの人間と動物の平等性の考えに関しては共感を抱いている。ここでは、動物解放の理念から実践に至る道のりの難しさを確認したかっただけである。人間と動物の間の平等性が「理念」として唱えられ、それを「実践」に移すには大きな困難が立ちはだかっているという点が分かっただけで十分である。

西洋的なものから東洋的なものへ

動物を人間による支配の軛《くびき》から解き放つという理念には、動物を人間の劣位に置く、アリストテレス以来の西洋の動物観の余光が残っている。そうした動物観を乗り越えようとする様々な実践（運動）が今日広く行われてきている。動物に対する価値の反転が起き、そのことが、今日の行動に揺らぎをもたらしている。ここからは、余光として残るアリストテレス以来の西洋の動物観に対比させながら、それとは異なる理念と実践としてのアニミズムに目を向けてみようと思う。

そのための手がかりをまずは、仏教学者の鈴木大拙に求めてみたい。鈴木は、「西洋的なもの」と「東洋的なもの」という思索の枠組みを提起している。それぞれの区分は地理的な区分でなく理念的なものであり、対立区分ではなく相補的なものであるという点を鈴木は強調する。一九六〇年、鈴木は九十歳の折の鎌倉・円覚寺の夏期講座で、その枠組みを用いて考えることの効用について語っている［鈴木 2007］。

鈴木によれば、分けること、分析することの先に、一つのものに統合することが、（西洋の）科学のやり方である。そのやり方はつねに、こちら側とあちら側を生みだす。こちらがあちらを押さえる、あちらがこちらを押さえるというやり方が、自然というあちらをこちらの人間が征服するという考え方につながっていく。「自然を征服する」という考えは、鈴木によれば、もともと日本にはなかった西洋的なものである。その言い回しは、鈴木が若かりし頃（おそらく二十世紀初頭）、西洋から日本に輸入され、使われるようになったと回想する。

西洋では、違うものは違うという点から出発し、向こう側の中に入って考える。つまり、こちらに自分を置いて、あちらに草土や動物を置いて「同情」する。鈴木の言う、この動物への同情は、これまで見てきた西洋の動物をめぐる考えに近い。人間と動物を分けたところから出発し、人間が動物を支配するという理念の誤りに気づいてそれを乗り越えるために、動物への同情を打ち出し、平等の共同体を実践的に構想するというものである。

鈴木によれば、これに対し、東洋は、天地草木も人間も同じ気持ちを持つところから出発する。著書『東洋的な見方』の冒頭で、以下のように述べている。

西洋の人々は、物が二つ《ダイコトミィ》に分かれてからの世界に腰をすえて、それから物事を考える。東洋は大体これに反して、物のまだ二分しないところから、考えはじめる…（中略）…西は二分性の考え方、感じ方のところに、立脚していることがわかる。そうして東は、そのまだ分かれぬところ、むずかしく言うと、朕兆《ちんちょう》未分已前《いぜん》に、無意識であろうが、そこに目をつけているということになるのである。

［鈴木 2017: 7］

西洋的な見方では、主客の対立のない世界を考えることはできないが、東洋的な見方では、それが「考えられないところ」から出発するのだと、鈴木は言う。言い換えれば、西洋は「二分性」から、東洋は「不二性」から出発する。東洋の不二性を最も端的に伝えるのは、鈴木によれば、禅仏教である［鈴木 2017: 26］。

人間と動物を分ける二分性から出発する西洋的な見方に対して、東洋では、物事が分かれて生じる兆しよりも以前の「朕兆未分已前」における不二性に着目するというのだ。不二性とは、人間と動物、自己と他者、生と死などが切り分けられないでつながり合っている、アニミズムの特性のことではなかったか（第2章、第3章、第4章参照）。アニミズムは、人間と動物がこれとあれに分けられる以前、朕兆未分已前の知を含んでおり、それは人間と動物を切り分けることから出発する西洋的な見方とは異なっている。

不二性を伝えるのは禅仏教である。この鈴木の示唆に従って、以下では道元禅師に教えを乞い、東洋的な見方と根を同じくするアニミズムの正体を探ってみたい。

道元に教わる

曹洞宗の開祖である道元禅師のいう「分別の知」とは、ものを分け、隔てる知恵のことである。その知は「あれはいい」「これはいやだ」という執着心を生む。他方で、「無分別の知」とは、ものを切り分けない知恵のことである。分別の知と無分別の知は対立概念かというと、そうではない。無分別の知とは、これとあれの違いを違いとしてありうべきものとして分別的に認めつつ、分別の知と無分別の知の両方をともに肯定する知恵のことである［ひろ 2002: 109］。分別は「分節」、無分別は「無分節」とも言い表されるが、以下では、説明の煩雑化を避けるために、主に、分別と無分別という語を用いる。

道元は、分別によってあらゆるものが切り分けられ固定され、意味づけられ序列化される世俗世界のあり方を覆すことで開かれる、俗世を超えた深層の次元である無分別の次元に分け入って、その真理と力をつかみとろうとした。倫理学者の頼住光子によれば、人は分断され孤立した俗世にではなく、「力そのもの」として存在する深層の無分別の次元にリアリティを見いだす〔頼住 2014: 40〕。例えば、「苦」と「楽」は、分別を重んじる俗世では二項に分けられるが、深層の次元ではけっして二項に分けられるものではない。苦しみの中に楽があり、楽の中にも苦しみがあるというほうが、経験の実相により近い。無分別の次元には真理が現れ、そこに力が遍満している。

人が日常的に向き合っているのは、「無分節のなにものかを諸類がその生の構図に応じて分節していく」というプロセスを経てできあがった分別である。その意味で、切り分けて考える西洋的なやり方は、道元によれば必ずしも誤りではない。道元は分別を「人の生の構図の必然」〔頼住 2014: 43〕だとも認めている。ものの輪郭を刻み出し、固定化・実体化する分別を一方では認めつつ、他方でそれだけに執着するのではなく、一つの固定的な見方を乗り越え相対化すること、すなわち、分別から無分別へ、さらに無分別から分別へと往還しながら世界を捉え続けることが、道元の思想である。

感覚や知能、理性や感情などの基準によって対象を分別することにより執着が生み出されることにつながるアリストテレス的な知は、切り分けられた分別の知である。他方、無分別の知は、分別された動物たちと人間の両者をともに肯定するような無分別の次元へと立ち入るとともに、「いま＝ここ」に立ち現れている現実として、動物たちが分別される眼前の現実を認めようとする。

禅思想に照らして改めて考えてみると、アニミズムの不二性とは、たんに「切り分けられない」だけではなかったことになる。アニミズムはもちろん、切り分けられない不二性（無分別）の次元へと踏み入ることではある。だが現実には、人の生の構図の必然として、二分性（分別）も認める。現実において分別する二分性のみに頼るのではなく、そこから、力が遍満する、無分別から成る不二性の次元へと踏み込み、さらには二分性と不二性の両者の間で絶えざる往還を続けるという図で捉えることが、アニミズムなのではないだろうか。

動物を解き放つこと、動物とつながること

一気に抽象論へと踏み込みすぎたかもしれない。これまでの議論の流れを手短に振り返ってみよう。

人間と動物を分別することからスタートし、そのようなものとして世界を築き上げた後に、現代になってそのことが生み出す誤りに気づき、人間と動物の平等の共同体を再構築せんがために無分別を導入しようとしているというのが、今日の動物をめぐってなされる社会活動と思想のこれまでの道行きであった。アリストテレス以来の動物観とその乗り越えの冒険の通時的過程と言い換えてもいい。人間と動物を切り分ける分別知は現在、「動物とつながる」という無分別的な理念を持つようになり、それが実践に移される時に、もう一つの分別を生むという矛盾を抱えてしまっていた。

他方、アニミズムとは、人間と動物を切り分けない無分別から出発し、人の生の構図の必然として分別を働かせるような、東洋的な見方を孕む理念と実践である。「動物とつながる」アニミズムは、人間と動物の無分別の次元に深く入り込みながら、現実面では、「いま＝ここ」で人間と動物の二者を切り分ける分別の作用を認めている。

本章では、動物をめぐる今日の思想と実践の由来を問い尋ねることから出発し、無分別と生の構図の必然に沿った分別、すなわち不二性と二分性の間の絶えざる往還から成る、アニミズムの構造に関する一つの見方に辿り着いたことになる。

7 宮沢賢治を真剣に受け取る

アニミズムを真剣に受け取る

人類学者レーン・ウィラースレフの『ソウル・ハンターズ　シベリア・ユカギールのアニミズムの人類学』〔ウィラースレフ 2018〕は、シベリアの狩猟民・ユカギールの狩猟者スピリドン爺さんが「エルク＝人間」になるシーンから始まる。スピリドン爺さんは、毛を外にひっくり返したエルク〔ヘラジカ〕の革のコート、特徴的な突き出たエルクの耳のついた頭飾り、エルクが雪の中を歩く音に似せるためにエルクの脚のなめらかな毛皮で覆ったスキー板を着けて、身体を前後に揺らしながら、エルクのように動いていた。他方、手には装塡済みのライフル銃が握られていたし、帽子の下からは人間の目、鼻、口を備えた顔の下半分が出ていて、人間の男でもあった。「彼はエルクではなかったが、エルク**ではない**というわけでもなかった」［ウィラースレフ 2018: 11］。

ヤナギの茂みから雌エルクが現れると、スピリドン爺さんはそれに近づいた。エルクは、エルクを模倣する彼のパフォーマンスに囚われ、彼のほうに近づいてきた。雌エルクの背後から子どものエルクが近づいてきた時、スピリドン爺さんは銃を持ちあげて、二匹を撃ち殺した。スピリドン爺さんは後に、その出来事を以下のように説明した。

> 私は二人の人間《パーソンズ》が踊りながら近づいて来るのを見た。母親は美しく若い女で、歌いながらこう言ったんだ。『誉れある友よ、いらっしゃい。あなたの手を取り、私たちの住まいにご案内しましょう』。そのとき、私は二人を殺したんだ。もし彼女と一緒に行ってしまっていたら、私のほうが死んでいただろう。彼女が私を殺していただろう
>
> ［ウィラースレフ 2018: 12］

ウィラースレフによれば、「人間ではない《ノンヒューマン》動物に対して（また、無生物や精霊といった動物

ではないものに対してさえ)、人間の人格と同等の知的、情動的、霊的な性質を与えるこうした一組の信念は、**アニミズム**と伝統的に呼ばれている」[ウィラースレフ 2018: 12-3]。その上で、アニミズムがふつう文字通りに受け取られるのではなく、象徴的な言明だとされてきた従来の見方を斥《しりぞ》け、土着の人々の理解に対する西洋の形而上学的説明の優位性をひっくり返し、ユカギール人の言うことに関して彼らの導きに従う、と宣言している。つまり、「人々が真剣に受け取っていることを私もまた真剣に受け取る」[ウィラースレフ 2018: 298] ことを、ウィラースレフは彼の民族誌の主題に据えたのだった。「アニミズムを真剣に受け取る」とは、『ソウル・ハンターズ』の終章のタイトルであり、ウィラースレフのテーマである。私たちもまたウィラースレフとともに、ユカギールのアニミズムを真剣に受け取ることにしよう。

ユカギールの狩猟は、猟の前日から始まる。狩猟の前日の夕方に、ウォッカやタバコなどの舶来の交易品を火に捧げる。それらは、エルクの支配霊(=精霊)をみだらな気分にさせる手助けとなる。その後、夢の中で狩猟者の霊魂が動物に扮して支配霊の家を訪ねるのだが、酔っ払い、性的欲望に囚われた支配霊は、侵入者を無害な恋人だと思い込んで、二人はベッドに飛び込む。夜の逢瀬で狩猟者の霊魂が支配霊の中に喚起したみだらな感情は、「どういうわけか、物質界の精霊の対応物である獲物の動物にまで拡張される。かくして、翌朝、狩猟者がエルクを見つけて、それを模倣し始めると、性的興奮の絶頂を期待した動物が走り寄ってくる」〔ウィラースレフ 2018: 172-3〕。そしてその時、

狩猟者は、彼に向かって歩み寄るエルクを見ているだけではなく、あたかも自分がエルクであるかのように、「外部」から自分自身を見ている。つまり彼は、（主体としての）他者が（客体としての）彼について持つようなパースペクティヴを自分自身に引き受ける。〔ウィラースレフ 2018: 168〕

このことを、ウィラースレフは、狩猟者の「二重のパースペクティヴ」と呼び、それを「視覚上の揺れのようなものである」〔ウィラースレフ 2018: 168〕と表現している。そして、「その揺れの中では、『客体としてのエルクを見る主体としての狩猟者』と『主体としてのエルクによって見られている客体として自らを見る狩猟者』が、あまりの速さで交互に入れ替わるため、種間の境界が侵され、ある程度『一体化』が経験される」〔ウィラースレフ 201: 168〕と主張する。

この、エルクである自己と人間としての自己の間を高速で揺れ動く過程で、逆説的なことな

がら、狩猟者はエルクの人格性《パーソンフッド》を否定することができない。「なぜなら、このことが実質的に彼自身の人格性を否定することを意味するからである」［ウィラースレフ 2018: 169］。これに続けて、「狩猟者の心理的な安定、つまり人格としての自己意識は、人格としての動物にこそ依存している」［ウィラースレフ 2018: 169］のだと、ウィラースレフは述べている。ユカギールの狩猟者の経験を「真剣に受け取る」ならば、狩猟実践に没入することで、狩猟者は人間の人格を動物の人格性から与えられるのである。人間の持つ人格性とは所与のものではなく、狩猟実践の過程で動物から授けられるのだ。

以上が、ウィラースレフによるシベリア・ユカギールのアニミズムの骨子である。それは次のようにも言い表される。

私たちが扱っているのは、「私」と「私＝ではない」とが「私＝ではない＝のではない」になるような、奇妙な融合もしくは統合である。私はエルクではないが、エルクでないわけでもない。同じように、エルクは人間ではないが、人間では**ない**わけでもない。他者と似ているが、同時に異なってもいるという、この根源的な曖昧さは、動物と人間が互いの身体をまといながら、なりすました種に似ているが、まったく同じ

というのではないやり方でふるまうという、ユカギールの語りの中に私たちが見出すものに他ならない。
［ウィラースレフ　2018: 170］

つまり、ここでいうアニミズムとは、人と、動物や無生物や精霊といった人外の間で、「私」が「私＝ではなく」「私＝ではない＝のではない」という揺れ動きを経験する中で、存在者たちを隔てている境界がしだいに薄れ、人間の人格と同等の知的・情動的・霊的な性質を持つ存在者が立ち現れる信念と実践である。

こうした北方先住民のアニミズムは、日本列島、とりわけ東北の各地で、比較的最近に至るまで広く見られたことは驚くにあたらないかもしれない。岩手で生まれ、大正から昭和初期に活躍した宮沢賢治が書いた詩や童話などの中に、私たちは、人と人外の境界が薄れ、両者が一体化するようなアニミズムを見ることができる。哲学者・小林康夫は、それを賢治の生命への直観のようなものとして、「一種の法華経的アニミズム、あるいは仏教的アニミズム」［中沢 1998: 95］と呼んでいる。屋久島に移住して四半世紀野で暮らし、アニミズムを論じた詩人・山尾三省が宮沢賢治に触れたことも故なきことではない［山尾 2080［1983］］。

以下では、賢治の作品から幾つかを取り上げて、そこに見られるアニミズムについて考えてみたい。「鹿《しし》踊りのはじまり」「なめとこ山の熊」「いちょうの実」の順に見てみよう。

「鹿踊りのはじまり」

賢治の「鹿踊りのはじまり」では、北上地方の伝統行事である「鹿踊り」の起源を、苔の野原に疲れて眠り込んだ語り手が風から聞いている。「ざあざあ吹いていた風が、だんだん人のことばにきこえ」［宮沢 1990a、以下、一部を除いてページ数省略］てきたという。風が語るには、嘉十は、この地に移って来て、小さな畑を開いていたが、左の膝を悪くして湯治のために山に出かけることがあった。

嘉十はある夕方「芝草の上に、せなかの荷物をどっかりおろして、栃と粟とのだんごを出して喰《た》べはじめ」たが、栃の団子を栃の実くらい残して、鹿が来て食えと呟いて、ウメバチソウの白い花の下に置いた。荷を負って歩き出して暫く行ったところで、手拭いを忘れてきたのに気づいて引き返すと、六疋《ぴき》の鹿が栃の団子の周りをぐるぐるぐるぐる輪になって回っているのを見て、「すすきの隙間から、息をこらしてのぞきました」。

嘉十は喜んで片膝をついて見とれていたが、「よく見るとどの鹿も環のまんなかの方に気がとられているよう」で、「気にかけているのは決して団子ではなくて、そのとなりの草の上にくの字になって落ちている、嘉十の白い手拭らしいのでした」。

嘉十はにわかに耳がきいんと鳴りました。そしてがたがたふるえました。鹿どものの風にゆれる草穂《くさぼ》のような気もちが、波になって伝わって来たのでした。

［宮沢 1990a: 132-3］

語り手が夢うつつで風の言葉を聞いたように、嘉十には鹿の言葉が聞こえてきた。六疋の鹿は順に手拭いに近寄って、それが何であるのかを確かめようとしていた。そして最後の一疋が近づいて、「首をさげて手拭を嗅いでいましたが、もう心配もなにもないという風で、いきなりそれをくわえて戻ってきました。そこで鹿はみなぴょんぴょん跳びあがりました」。一疋が歌い出し、「走りながら廻りながら踊りながら、鹿はたびたび風のように進んで、手拭を角でついたり足でふんだりしました。嘉十の手拭はかあいそうに泥がついてところどころ穴さえあきました」。鹿たちは団子を食べた後、環になって、ぐるぐるぐるぐるめぐり歩いたという。

嘉十はもうあんまりよく鹿を見ましたので、じぶんまでが鹿のような気がして、いまにもとび出そうとしましたが、じぶんの大きな手がすぐ眼にはいりましたので、やっぱりだめだとおもいながらまた息をこらしました。

［宮沢 1990a: 141］

嘉十は鹿の踊りに見とれて、自分までも鹿になったような気持ちがした。そしてその場に飛び出そうとする時に、自分の「大きな手」が目に入って、自分は鹿ではなく人であると思い返して、鹿の踊りの環の中に飛び出すことをかろうじて思いとどまったのである。ここは、嘉十の心はすでに鹿になっているが、身体の一部を見て、自らが鹿ではなく、人であると意識するという、嘉十が人と鹿の間を行き来する緊張を孕んだ場面である。このシーンは、ユカギールの狩猟者がエルクを模倣してそれになりきってしまう手前で、エルクであるかのような自分自身を外部から見ている状態によく似ている。

いずれにせよ、ここでは、「主体としての鹿によって繰り広げられる歌と踊り」の環の中にいままさに入らんとしている嘉十自身と、「客体としての鹿を見る主体としての嘉十」が、嘉十の「大きな手」を見ることにより、高速で入れ替わるさまが描かれていると見ることができよう。嘉十は鹿になり人間に戻りつつ、その間、二種の境界は薄れていっているという状況が描かれている。

その後も嘉十は鹿の踊りを「夢のようにそれに見とれていた」が、やがて「北から冷たい風が来て」「すすきの穂までが鹿にまじって一しょにぐるぐるめぐっているように見え」、つまり森羅万象が鹿と一体化しているように見え、ついに、

> 嘉十はもうまったくじぶんと鹿とのちがいを忘れて、「ホウ、やれ、やれい。」と叫びながらすすきのかげから飛び出しました。
> 鹿はおどろいて一度に竿のように立ちあがり、それからはやてに吹かれた木の葉のように、からだを斜めにして逃げ出しました。
> 〔宮沢 1990a: 144〕

嘉十の「大きな手」がかろうじて押しとどめていた、人外である鹿との境界は一瞬亡失され、嘉十は「じぶんと鹿とのちがいを忘れて」「じぶんまでが鹿のような気がして」、すすきの

陰から飛び出していったのである。『ソウル・ハンターズ』に倣って述べれば、それは、嘉十の「私」が「私＝ではないもの」になってしまった瞬間であった。「嘉十はちょっとにが笑いをしながら、泥のついて穴のあいた手拭をひろってじぶんもまた西の方へ歩きはじめたのです」。

嘉十は、スピリドン爺さんのように、人と動物の「二重のパースペクティヴ」をうまく制御することができなかったのだと言えるかもしれない。シベリアのユカギールでも、「狩猟者がエルクを観察していてある種の魅力的な特性や行動に惹き込まれ、差し迫った自分の仕事のことを忘れてしまって、気がつけばすでに手遅れで、動物が手の届かない場所に行ってしまうことが、ときどき起きるという。こうした失敗を、彼らは狩猟者が獲物と恋に落ちたと表現する。この愛に夢中になると、他に何も考えられなくなり、食欲を失くして、しばらくすると死に至る」［ウィラースレフ 2018: 178］。ユカギール風に言えば、嘉十は、鹿たちと一瞬ではあるが「恋に落ちた」のではなかったか。

「なめとこ山の熊」

なめとこ山の頂には風が通って、白い細長いものが落ちて大空滝となっている。昔はそのあたりに熊がたくさんいたという話から宮沢賢治の「なめとこ山の熊」は始まる。その山の熊の胆《い》は有名で、熊捕り名人の淵沢小十郎がそれを片っ端から捕った。小十郎は山刀とポルトガル伝来というような大きな重い鉄砲を持って、たくましい黄色い犬をつれて山や沢や森をまるで自分の屋敷を歩いているという風に歩いた。

「なめとこ山あたりの熊は小十郎をすきなのだ。その証拠には熊どもは小十郎がぼちゃぼちゃ谷をこいだり谷の岸の細い平らないっぱいにあざみなどの生えているとこを通るときはだまって高いとこから見送っているのだ」［宮沢 1990b: 343］。「小十郎はぴったり落ち着いて樹をたてにして立ちながら熊の月の輪をめがけてズドンとやるのだった。すると森までががあっと叫んで熊はどたっと倒れ赤黒い血をどくどく吐き鼻をくんくん鳴らして死んでしまうのだった」。小十郎はクマの傍で、憎くて殺したのではない、仕方なく猟師をしている、因果な商売だ、この次は熊に生まれてくるなよ、と言うのだった。

そして、小十郎には熊の言葉が分かるような気がした。母熊と子熊が淡い六日の月光の中で、向こうの谷を見つめて話しているのを聞き、「なぜかもう胸がいっぱいになってもう一ぺん向うの谷の白い雪のような花と余念なく月光をあびて立っている母子の熊をちらっと見てそれから音をたてないようにこっそりこっそり戻りはじめた」。

小十郎が町に熊の皮と胆を売りに行くと、熊の皮を二円で買いたたかれる。「実に安いしあんまり安いことは小十郎でも知っている」。「あんな立派な小十郎が二度とつらも見たくないようないやなやつにうまくやられることを書いたのが実にしゃくにさわってたまらない」と、語り手は述べている。

ある年の夏に木に登っている熊に小十郎が銃を突きつけると、熊は木から降りて両手をあげて叫び、「もう二年ばかり待って呉《く》れ、おれも死ぬのはもうかまわないようなもんだけれども少しし残した仕事もあるしただ二年だけ待ってくれ。二年目にはおれもおまえの家の前でちゃんと死んでいてやるから。毛皮も胃袋もやってしまうから」と言って歩き出した。

それから丁度二年目だったがある朝小十郎があんまり風が烈しくて木もかきねも倒れたろうと思って外へ出たらひのきのかきねはいつものようにかわりなくその下のところに始終見たことのある赤黒いものが横になっているのでした。……(中略)……そばに寄って見ましたらちゃんとあのこの前の熊が口からいっぱいに血を吐いて倒れていた。小十郎は思わず拝むようにした。

［宮沢 1990b: 351］

不思議なことに、小十郎に死までの二年間の猶予を申し出た熊がちょうど二年後に小十郎の前に死んで現れたのである。このことは、北米北方狩猟民の「動物にひそむ贈与（gift in the animal）」を想起させる。北米北方狩猟民は、自らの身を捧げることによって贈り物となった動物から、儀礼をつうじて返済すべき負債を抱える。狩猟とは、そこでは、狩猟者と動物との長きにわたる互酬的な交換関係である［ナダスディ 2012: 292］。

人類学者のポール・ナダスディは、カナダのクルアネの調査中に自らが経験した「動物にひそむ贈与」について語っている。それによると、彼が仕掛けたウサギ用のくくり罠にウサギが掛かっていたが、罠の針金を切って、首に針金をきつく巻きつけたままブッシュの中に消えていった。ところがその五日後、そのウサギは、ナダスディのもとにやって来たという。「その動物は動きを止め、私を見上げた。そのとき、私はウサギの首に針金が巻かれているのに気付いた……（中略）……拾い上げても、逃げようともせず、もがきもせず、私の目を見つめている。

私はウサギの首を折って殺した。殺した瞬間、そして、私が自分で何をしたのか気付く直前に、静かな感謝の祈りを捧げている自分がいた」［ナダスディ 2012: 339］。

これらのエピソードは、仏教の開祖である釈迦の前世における物語を集めた『ジャータカ』の一篇「わが身を捧げたウサギ」の話を想起させる。バーラーナシーでブラフマダッタ王の治世だった頃、釈迦はウサギだった。猿とジャッカルとカワウソとともに暮らしていた。ボーディサッタが托鉢の人に布施をするように言うと、カワウソは魚を、ジャッカルは肉とヨーグルトを、猿はマンゴーを見つけ、バラモンに姿を変えた帝釈天にそれぞれ布施した。バラモンから食を乞われたウサギには何もなかったので、薪を集めて火を熾すように頼み、自分を捨てて火に飛び込むので、焼けたら肉を食べ修行道を完成させて下さいと言った。それに対し、帝釈天は神通力で冷たい火を熾し、ウサギの布施を褒め称えた上で、その行いが永遠に忘れられることがないように、月面にウサギの姿を描いたという［松本 2019］。

ナダスディは、「人と動物の関係に関するクルアネ流の理解にすでに親しんでいた」［ナダスディ 2012: 338］こともあり、「ウサギは私を探しに来て、文字通り、自らを私に与えたのではないかと思わざるを得なかった。そして、今も私はそう思っている」［ナダスディ 2012: 340］と述べている。彼はこの経験をアニミズムと捉えているわけではないが、この現象を「真剣に受け取る」ことがいったいどのようなことなのかを検討している点では、ウィラースレフと同じである。熊と小十郎の間に見られる「人と動物が（隠喩的にではなく）実際に継続的な互酬的交換に従事している」［ナダスディ 2012: 340］関係性は、ウィラースレフが言うように、人間ではない動物に対して人間の人格と同等の知的・情動的・霊的な性質を与えているという点で、アニミズムだと言えるだろう。

「なめとこ山の熊」に戻ろう。その後、小十郎が真っ白な堅雪を登って小さな滝に到着すると、大きな熊が両足で立って襲ってきた。

> ぴしゃというように鉄砲の音が小十郎に聞えた。ところが熊は少しも倒れないで嵐のように黒くゆらいでやって来たようだった。犬がその足もとに噛み付いた。と思うと小十郎はがあんと頭が鳴ってまわりがいちめんまっ青になった。それから遠くで斯《こ》う云うことばを聞いた。
> 「おお小十郎おまえを殺すつもりはなかった。」
> もうおれは死んだと小十郎は思った。
>
> ［宮沢 1990b: 354］

小十郎は熊に殺されたのである。三日目の晩に「黒い大きなものがたくさん環になって集って各々黒い影を置き回々《フイフイ》教徒の祈るときのようにじっと雪にひれふしたまままいつまでも動かなかった」。「思いなしかその死んで凍えてしまった小十郎の顔はまるで生きてるときのように冴え冴えして何か笑っているようにさえ見えたのだ」。

この最後の場面を、哲学者・梅原猛は、（老いて）鉄砲を撃てなくなってしまった小十郎が熊を殺し続けてきた代償として、熊に身を捧げたのだと読み解いている［梅原 2013: 176］。さらに小十郎の霊を熊が環になって弔っていて、熊におそらく食べられるのだとも言う。アイヌのクマ送りを反転させたかたちで、熊たちが小十郎の霊を送り、小十郎を食べる設定になっているというのが、梅原の解釈である［梅原 2013: 177］。この指摘は、池澤夏樹の創作神話『熊になった少年』と同様に（第4章参照）、クマ送りそのものの反転構造が生み出されているという意味で興味深い。

梅原は、小十郎は釈迦の前世であった薩埵《さった》王子が飢えた虎に身を捧げた本生譚《ほんじょうたん》のように、自らの身をクマに与えるという「利他行」をしたのだと捉えている。「自分はたくさんの熊の命を取ったから、今度は自分の体を与えるのだというような、大変崇高な高い道徳がそこでさりげなく語られているのです」［梅原 2013: 177］。

そうだとすれば、「動物にひそむ贈与」と人間による利他行が入れ子になっているのが、「なめとこ山の熊」の物語であるということにならないだろうか。前者を行なうのは、二年間の死への猶予を乞うて身を捧げた熊であり、後者は熊に襲われ身を捧げた小十郎である。

人間と熊は、因縁で「狩る／狩られる」関係となっているが、場合によっては、それが「狩られる／狩る」関係に反転しうる。この二者の関係は、そうした殺し合いの関係性だけでなく、互いの心が通じ合う関係性にも見られる。なめとこ山の熊は小十郎のことが好きだし、逆に、小十郎は母熊と子熊のやりとりで胸がいっぱいになるほど、互いの直接接触はないが、思いは深く通じ合っている。その思いは、狩られる客体の側である熊や人間が、身を捧げる主体となって、狩る主体である相手の前に現れる時に、より高次元において「法華経的なアニミズム」を作動させている。

「いちょうの実」

梅原は「草木国土《そうもくこくど》悉皆成仏《しっかいじょうぶつ》」という天台本覚思想《てんだいほんがくしそう》、つまり「草も木も、国土もすべて仏になれる」という思想が、縄文時代以来の日本文化の中核的な思想であると説く〔梅原 2013: 163〕。そして賢治は、この思想を素晴らしい文学によって表現した文学者だと言う。梅原によれば、賢治は父の影響で浄土真宗を知るが、そこには利他行がないと感じ、日蓮宗に入信した。賢治の詩や童話は、彼の布施の道具・手段であり、彼が伝えたかった仏教思想は「草木国土悉皆成仏」だったのだと言う。「森羅万象のすべてが、星や風、虹や石といったものも、人間のように生きていて、仏に通じている、利他の心を持っていると語っているようです。争いの世界のなかにありながら、どこかに慈悲の心を持っている」〔梅原 2013: 171-2〕。その最たるものとして梅原が注目する作品が、「いちょうの実」〔宮沢 1995〕である。

鋭い霜のかけらが風に流されてその微かな音が丘の上の一本のいちょうの木に聞こえるくらい澄み切った明け方に、いちょうの実はみな一度に目を覚まして、ドキッとする。「今日こそはたしかに旅立ちの日でした」。いちょうの実は、それぞれ旅立ちの日の不安を話し出す。

「僕なんか落ちる途中で眼がまわらないだろうか。」一つの実が云いました。
「よく目をつぶって行けばいいさ。」も一つが答えました。
「そうだ。忘れていた。僕水筒に水をつめて置くんだった。」

「僕はね、水筒の外《ほか》に薄荷水を用意したよ。少しやろうか。旅へ出てあんまり心持ちの悪い時は一寸《ちょっと》飲むといいっておっかさんが云ったぜ。」

「なぜおっかさんは僕へは呉れないんだろう。」

「だから、僕あげるよ。お母さんを悪く思っちゃすまないよ。」

そうです。この銀杏の木はお母さんでした。

［宮沢　1995: 9-10］

いちょうの女の子たち、二人のいちょうの男の子たちの会話が続く。やがて星がすっかり消えて東の空は白く燃え、木が俄かにざわざわして間もなく旅立ちの気配が漂う。


東の空が白く燃え、ユラリユラリと揺れはじめました。おっかさんの木はまるで死んだようになってじっと立っています。

突然光の束が黄金《きん》の矢のように一度に飛んで来ました。子供らはまるで飛びあがる位輝やきました。

北から氷のように冷たい透きとおった風がゴーッと吹いて来ました。

「さよなら、おっかさん。」「さよなら、おっかさん。」子供らはみんな一度に雨のように枝から飛び下りました。［宮沢 1995: 14］

木が死んだようになっているのは、母親が子どもたちの旅立ちを悲しく思っていることの表現である。それに続けて、母なる木から飛び出した時、いちょうの実が仏のように光り輝くさまが語られる［梅原 2013: 173］。梅原によれば、この童話では「いちょうも人間のように生を生きている――そういう考え方ですね。いちょうも人間のように親子の情を持っている」［梅原 2013: 174］。

賢治の童話では、

動物は人間と対等な意味をもつ。動物も人間と対等な同じ生命をもっているのである。そして、そこでえがかれるのは、動物と人間が共通にもっている生命の運命である…（中略）…人間が動物をはじめとする天地自然の生命と、いかにして親愛関係に立つべきかを示したのである。［梅原 1967: 202］

賢治が描き出したのは、争いの世界にありながら慈悲の心を持つことによって、森羅万象全てが内面的に通じ合っている法華経的なアニミズムだったと見ることができるのではないだろうか。

賢治、四次元のアニミズム

中沢新一は、妹や父母との関係において主観や心象風景を扱っていると語られる傾向にある賢治の詩や童話を、そのような文脈から解き放ち、その向こう側へと開いていくべきだと主張する。賢治の目指したものを考える上で、賢治が関心を抱いていた〈四次元〉に目を向けることは重要だと思われる。

中沢によれば、賢治が生きていた大正から昭和初期には、エンジンの発達で人間の空間が一気に拡大し、飛行機の発明が近未来の想像力を刺激し、三次元の空間を拡大するだけでなく、高次元を探究することに関心が向けられた時代でもあった。そのことは、人間の意識を高次元へと拡張し、スピリチュアリズムと合体する方向へと向かった。アインシュタインの相対性理論は霊性主義的な四次元思想のすぐ近くで広がっていたのである。これらのことを、賢治はほとんどリアルタイムで経験していた［中沢 1998: 136-7］。

したがって、賢治の文学はけっしてナルシスティックな主観の内部で作られたものではなく、世界に対して独特の仕方で開かれた物質的想像力を土台とする知性と、仏教における利他の主題に深く関わっていたと捉えられるべきだというのが、中沢による賢治論の骨子である。後者、すなわち「仏教における利他の主題」こそが、「法華経的アニミズム」であろう。それが、賢治の一連の作品を動かしていると言っても過言ではない。

「なめとこ山の熊」に関して中沢は次のように述べている。

「人間は人間だけの世界に留まったままで動物をしとめるという関係ができあがってしまう。そうでなかった時代には、狩猟者は人間だけの世界に落ち着いてるだけでは猟はできなかった。「動物が知覚している世界や、感情の世界と一体となって走って行かないと駄目なんですね」［中沢 1998: 47］。

そこには、人が熊の喋る言葉を聞き、熊を人間が食べたり、その毛皮や胆を売ったりして生きていかねばならないことを承知の上で、人間と熊が狩ったり狩られたり、さらに利他行として身を捧げる行為が行われている世界があった。それらは比喩や象徴として語られるだけでなく、現実態として生きられていたのである。

アニミズムとは、人と熊の距離の近さのことに他ならない。いま、宮沢賢治を真剣に受け取らなければならない。

8 まどろむカミの夢

ユングからアニミズムへ

ユング、石をめぐって

一八七五年にスイスで生まれ、後年深層心理学の基礎を打ち立てることになるカール・グスタフ・ユングは、七歳から九歳の頃、家の庭にある石片で建てられた古い壁の前の突き出た石の埋まった坂で、一人の時、しばしばその石の上に坐って、想像上の遊びをしていた。

「私はこの石の上にすわっている。そして石は私の下にある。」けれども石もまた「私だ」といい得、次のように考えることもできた。「私はここでこの坂に横たわり、彼は私の上にすわっている」と。そこで問いが生じてくる。「私はいったい、石の上にすわっている人なのか、あるいは、私が石でその上に彼がすわっているのか。」この問いは常に私を悩ませた。

［ヤッフェ 1972: 39-40］

ユングは幼少の頃、石も「私」であると思えたし、石もまた私の上に坐っているという考えに取りつかれることがあったと回想している。その時、ユングにとっては私が主体であると同時に石もまた主体だったということになるだろう。

このユングの幼少期の経験を分析心理学者・河合俊雄は、以下のように見ている。

ユングの言う「私」は石をはじめとする多くの物の間で同じ権利を持って存在しているものである。言うならば全てのものは主体、魂でありうるし、人間主体もその中の一つに過ぎないのである。ここではまだ抽象的な私は登場していない。石も「私」という言葉を用いることができることからもわかるように、石も「私」も両方ともに同じレベルで存在しているのである。

［河合俊雄 1998: 34］

河合俊雄は、その時、ユングと石は一体となって一つの世界、すなわちアニミズム世界にいたのだと評している。抽象的な点としての「私」が成立していないのが、アニミズム世界である。他方、河合俊雄によれば、近代的な「私」とは、石でも虫でもユングでもない、全ての具体的なものを否定することによって成立するただ一つの抽象的な点である。

「よっちゃん」という固有名詞を持つ者が「私」と言った時に、具体的な何者でもない抽象的な一点ができ上がる。それに対して、自閉的な子どもはしばしば「私」という言葉を持たないと言われることがある。ユングは幼少期に、一つの抽象的な点である「私」が成立していないアニミズム世界を数時間にわたって楽しんでいた［河合俊雄 1998: 37-8］。ユングにとって、私も石もともに「私」であったのだ。それは、物事が分かれて生じる兆しよりも以前の「朕兆未分已前」であったのだと言えるのかもしれない（第6章参照）。

しかしこれらのことだけをもって、ユングをアニミズムの議論に召喚するのは乱暴かもしれない。ただ、ユング心理学には、河合俊雄が述べるように、「私」の成立をめぐってアニミズムを考えるユニークなアプローチが潜んでいるし、後に見るように、未開のアニミズムを積極的に評価する心構えがあるし、「アニマ」「アニムス」というアニミズムと語根を同じくするキーワードがある。

本章では、ユング心理学のアニマ・アニムスを取り上げて、アニミズム論を夢と現実というより広がりのある枠組みの中に置いてみたい。ユング理論の網羅的な把握と微細な検討は、私自身の専門からは大きくかけ離れており、その仕事はすこぶる難儀でもあるため、ここでは、ユングの所論の見かけから類推される随想のようなものの提示に留まるが、後日のより包括的なユングのアニミズムの検討のための準備作業として考えてみたい。いささか前置きが長くなってしまった。本題に移ろう。

カルメン、ホセのアニマとして

周知のように、ユングは、夢分析をつうじて、男性にとっての女性の「元型（アーキタイプ）」としてのアニマ、女性にとっての男性の元型としてのアニムスを、彼のいう「個性化ないしは個体化」もしくは「自己実現」に至る過程で心の深い部分に生じる動きとして取り出している。アニマ・アニムスとは何か？　まずは、十九世紀半ばのフランス人作家・メリメの短編

『カルメン』を取り上げて［メリメ 2018［1929］］、アニマを理解するための糸口を探ってみたい。『カルメン』は、バスク出身で出世を夢見る騎兵のドン・ホセが、ボヘミア人女性のカルメンに出会って魅かれ、彼女にのめり込んだ挙句、カルメンの密輸団に加わって人殺しをし、カルメンに新しい恋人ができたのを機に、アメリカに自分とともに逃げてくれと哀願するも断られ、ついにカルメンを刺し殺してしまうという、女によって身を持ち崩した哀れな男の話である。歩哨として勤務していたホセがカルメンに会って、カンディレホ通りで飲んだり食ったりして楽しく過ごした後、兵士に帰営を促す太鼓の音が聞こえてきた時のシーンを取り上げてみよう。

——点呼があるから隊へ帰らなくちゃならない。私は女に向かってこう言いました。

——隊にだって？　女はさげすむようにこう言いました。

［メリメ 2018［1929］：67］

このやり取りの後、ホセはカルメンに今度いつ会えるかと尋ねている。兵舎に帰ろうとする

ホセに対して、カルメンは「私は何だか少しお前さんにほれているような気がするんだよ。しかしつづきっこはなしさ」［メリメ 2018［1929］: 68］と言い放って、戸口の閂《かんぬき》を外し、背を向けて立ち去っていく。このことでかえって、ホセのカルメンへの思いが昂まり、「もうほかのことを考えることはできませんでした。女にあおうという望みを抱いて、一日中うろつき廻りました」［メリメ 2018［1929］: 69］。そして、歩哨として勤務している時に偶然出会った恋焦がれるカルメンの密輸の手助けをしたホセは、彼女にますます溺れていったのである。

ユングによれば、アニマの対概念に「ペルソナ」がある。ペルソナとは、人間が社会の中で演じ、社会に対して見せている役割のことである。家庭では「父親」、会社では「部長」という地位や職位に相応しい振る舞いが期待されている。日常でそうしたペルソナを生きる上では心の深い部分の動きは現れない。しかしふとしたことから、心の奥底に沈んでいた「魂」すなわちアニマが現れ、大きくなることがある。カルメンとは、兵卒であるホセのペルソナによって無意識のうちに沈んでいたアニマ像なのである。

カルメンと出会ったホセは、彼の「ペルソナからみれば不可能に思えるようなことであるが、その抗しがたい魅力や、圧倒的な力強さに押されて、それに従うこととなり」［河合隼雄 2011［1967］: 197］、やがて転落の一途を辿ったのである。「規則を守ること機械のような堅い兵卒に、『少しくらい、帰営がおくれたってかまわないじゃないの』とアニマはささやいた〔河合隼雄 2011［1967］: 197〕いたのだった。

夢、瀕死の少女たるアニマ

アニマは、意識の上では把握することはできないが、それが「心像（イメージ）」として現れた場合、私たちはそれを把握することになる〔河合隼雄 2011［1967］: 196〕。アニマはしばしば夢の中に現れると、ユングは言う。ここではわが国におけるユング派心理学の第一人者である河合隼雄がよく持ち出す、若い独身男性の夢とその分析を取り上げてみよう〔河合隼雄 2011［1967］: 201-2; 2018［1977］: 122-4〕。

> 私は誰かと海水浴にゆくところであった。行きたくはなかったが、私はどうしても行かねばならないことを知っていた。海岸では、中学時代の先生が水泳を教えてくれた。ほかのひとたちが皆泳いでいるとき、私は一人離れて海岸にいた。すると突然、海底から裸の少女の体が浮き上がってきた。私はあわてて人工呼吸をする。私は彼女

のかすかな息を感じてほっとする。彼女のために暖かい着物を探すために帰宅するが、たくさんの衣類はどれも小さすぎてだめ、衣類を探しまわっているうちに目が覚める。

［河合隼雄 2018［1977］: 122-3］

海岸で瀕死の少女に出会い、命を救い、服を着せようとするがサイズがどれも小さすぎて合わないという、ギョッとする内容の若い男性の夢である。河合隼雄は、こうした「アニマ救済のテーマ」は、ペルソナ作りに忙しくて、アニマを抑圧している男性の夢に現れやすいと言う。

夢の中で男性が孤独になった時、水死体に近い姿をしたアニマたる少女が出現する。彼はその少女を救うために人工呼吸を施す。息を吹き返した少女に衣服が合わないことは、夢を見た男性にとってのアニマとペルソナの葛藤を示している。

アニマは、男性にとって、感情やムード、非合理的なものへの感受性、人や事物に対する愛や関係性、無意識に対する開かれた関係をもたらす。「アニマは規律を嫌う。皆がルールに従って行動しているとき、それに従わずに怠けていたいムードや、それに反抗してルールを破る

強い感情などをアニマは起こさせる」［河合隼雄 2018［1977］：124］

ホセにとって、カルメンがまさにそうした存在であったことが思い出されよう。アニマが肯定的に働く時には、生命力や創造性の根源となるが、逆に否定的に働くと、それはペルソナを破壊してしまう。「多くの人がアニマの魅力のため、社会的地位のみか、命さえ失うこともある」［河合隼雄 2018［1977］：124］。カルメンは、ホセを破滅に追いやったのである。

ユングは、夢の分析からこうしたアニマ像を析出したのだが、彼の思索はもちろん、アニマやアニムスの検討だけに留まっていたのではなかった。ユングは後に、統合性・安定性を持つ意識から成る「自我」の外側に拡がる、意識も無意識も含めた心の統合体としての「自己」という概念を定立する。彼は、人がその人なりの人となる、つまり個性を形成していく個性化の過程で、自我によってコントロールできない内的世界を見つめることにより、自己実現を図っていくための深層心理学を打ち立てたのである。そこでは、アニマはたんにペルソナを補償する心像というだけではなく、自己を変容させながら自己実現するための、困難かつ危険をはらんだ（夢および現実における心的）体験だということができよう。

『カルメン』では、兵士というペルソナを日常的な役割として持つホセの心の中で、不可解で捉えがたく、同時に抗しがたい魅力を湛えた女性であるアニマとしてのカルメンが大きく膨れ上がって、ホセを破滅に導いた。逆にホセが、ペルソナによって支えられている自我を出発点としながら、内的世界の奥深くで、アニマであるカルメンとの葛藤を経て、あらゆる困難を乗り越えて自己実現を図っていれば、兵士として出世するという彼のペルソナとしての夢は叶えられたかもしれない。そんな話ならもちろん、メリメの小説の題材にはならなかったのであるが。

ユングに漂うアニミズム

ところで河合隼雄は、宗教上の霊や魂などと混同されることを避けるために、アニマを「こころ」と平仮名で表記すると述べている。しかし、ユングの言うアニマは、私には直観的に、宗教上の霊や魂と同じようなものに見える。というのは、ユングが以下のように述べているからである。

> われわれのほとんどの者は、あらゆる事物や観念がもっている空想的な心理的連想のすべてを、無意識にゆだねてしまっている。それにたいし未開人は、それらの心理的

な特性をまだ認めており、動物や植物や石に、われわれが奇妙に感じ、受け入れがたいと思うような力を賦与している。

［ユング 1975: 56］

ユングにとって前者、すなわち私たちの無意識の次元のアニマとは、後者すなわち「未開人」の思考のうちに見られるアニマ（霊、魂）と同型のものなのである。ここにもまた、ユングとアニミズムを結びつける一つの手がかりがあるように思える。

アフリカのジャングルの住民たちが日中に夜行性の動物を見ると、それを草原の魂であるとか祖霊であると思うかもしれない。南米の先住民の中には自分たちをアララ・インコだという者もいる。ユングは、そのような未開社会の現象を「融即」ないしは「分有の原理」と呼んだ、十九世紀の哲学者レヴィ＝ブリュルを肯定的に評価する（三〇頁）。融即ないしは分有の原理とは、一と多、同と異などの対立は、その一方を肯定する場合、他を否定する必然を含まないとする、原初の人間が持っていた心性のことである［レヴィ＝ブリュル 1991［1953］］。ユングは、「個人が他の人物や動物にたいして、そのような無意識の同一性をもつということ」［ユング 1975: 24］を心理学的事実であるとも捉えている。

ユングによれば、「未開人の世界においては、物事は、われわれの〃合理的〃な社会のようにはっきりとした境界をもっていない」〔ユング 1975: 57〕。加えてユングは、無意識を意識のたんなる付属物とみなす精神分析学者ジークムント・フロイトに抗して、上述した、アフリカや南米の人たちの連想やイメージこそが無意識の主要な部分であるとも述べている〔ユング 1975: 61〕。ユングの知性は、十分に哲学や人類学のアニミズムにまで届いていたのではなかったか。

こうしたユング心理学とアニミズムの不即不離の関係を踏まえて、いくぶん唐突であるが、以下では、東南アジアの熱帯雨林で雷雨や嵐をめぐるアニミズムを取り上げて、それにユング心理学的な解釈を施してみようと思う。

マレーシア、天候激変をめぐるアニミズム

マレー半島、ボルネオ島、東インドネシアの諸社会には、動物に対する人間の何らかの違反行為が嵐や洪水などの荒天をもたらすとする、アニミズム的な思考と実践が広がっている。言語学者ロバート・ブラストによれば、「雷複合」とは、「ある違反、とりわけ動物に対する違反行為が、天候の異変をもたらす」〔Blust 1981: 294〕という考えである。人類学者グレゴリー・フ

オースは、それを次のように説明する。

雷複合は、禁止事項——とりわけ、動物、あるいは特定の動物を怒らせると考えられる振る舞い、および特に動物の物まねを含む行動（例えば、動物に衣服を着せること）——が嵐を招くことになり、そのため、そうした粗野なふるまいをした者たちが、大水や稲妻、あるいは石化によって罰せられることになるだろうという考え方のことである。

[Forth 1989: 89]

「雷複合《コンプレックス》」をめぐる研究関心は、マレー半島の狩猟民セマンとボルネオ島の狩猟民プナンの間で同じような信仰と実践があることを報告した、一九六四年の人類学者ロドニー・ニーダムの論文から始まる［Needham 1967］。その報告以降、マレーシアとインドネシア各地から、「雷複合」をめぐって、さまざまな事例の報告と考察が行われてきた。

ここではまず、マレー半島の狩猟民チュウォンの「タライデン」と呼ばれる雷複合を取り上げたい［Howell 1984］。タライデンとは、誰かが動物を、それが生きていようが死んでいようが

黒雲が垂れ込め、突風が吹き、雨が降り出す。ボルネオ島の狩猟民プナンのフィールドワークより。

あざ笑うことであり、同時にそのことを知った、地下の「第七大地」に住む蛇であり超自然的な女である「タロイデン・アサル」が引き起こす嵐のことである。

その嵐は、蛇のカミであるタロイデン・アサルの「息」であり、それが動くと地下から水が湧き上がって洪水となり、やがて蛇のカミが人間を呑み込んでしまう。そのため、タライデンによる嵐が迫っていることをとても恐れて、人々は、タライデンを侵した人物のこめかみと腋の下の毛を毟って、燃えさしの木の上に置いて、唱え言を叫びながらそれを投げ捨て、超自然的な蛇女であるタロイデン・アサルをなだめようとする。また、子どもたちが騒々しく動物をからかったり、料理の最中や食べられている動物の肉の傍でふざけたりすると、「タライデンだ！　蛇がお前たちを呑み込んでしまうよ」と、大人たちから厳しくしかられる。

タライデンはまた、人々が正確には動物をあざ笑ってなどいない、以下のような場合にも起きるとされる。

ある男と許嫁がリスをつかまえた。二人はそれを家に持ち帰って、天井から吊るされた赤ん坊用のハンモックの中に入れて、前後に揺らして、やがて生まれてくる赤ん坊にするように、「ボウェイ、ボウェイ」と歌った。雨が降って嵐になり、水が地下から溢れ出した。家と人々は洪水で外に流され、蛇のカミに食べられてしまった。二人がやったことは、まさにタライデンだったのである。

［Howell 1984: 181］

結婚前の恋人たちが生まれてくる赤ん坊を夢想して何気なく行なった、動物に対する振る舞いもまた、タライデンだったのである。

ところで、チュウォンのタライデンとよく似た「雷複合」が、同じマレーシアの国内ながら、南シナ海を千キロ以上隔てたボルネオ島にもある。私自身が長らく調査研究を行ってきた、マレーシア領のボルネオ島の熱帯雨林に住む狩猟民プナンの「マルイ」がチュウォンのタライデンにあたる。

動物に対する人間の粗野な振る舞いを、プナンは「ポニャラ（間違った振る舞い）」と呼ぶ。ポニャラを知った天空の「バルイ・ガウ（雷のカミ）」や「バルイ・ルングドゥ（稲光のカミ）」が雷雨や雷光や嵐や洪水を引き起こす。それらのカミの性はチュウォンのタライデン・アサルのように、女であるとはっきり示されることはないが、時には荒れ狂うこともあるものの、人々の願いを聞き届けてくれるという点で、母性を持った存在であると考えられている。

プナンは、黒雲が垂れ込め、いきなり突風が吹いたり、雷鳴が轟いたりすると、髪の毛を引きちぎって、木の燃えさしで焼いて、カミに向かって、暴風雨や嵐を起こすのを止めるように唱える。森の狩りから持ち帰られたヒゲイノシシの死体の脚を石に叩きつけたり、鼻の形を見てあざ笑ったりして、パーツと戯れている子どもたちは、「そんなことしちゃいけないよ！雷のカミが怒るよ」と大人たちから厳しくしかられる。

私が調査した限りでは、プナンのマルイに特徴的なのは、動物をさいなんだり、粗野な振る舞いをしたりすることの詳細が、どのように天空のカミに届けられ、怒りに結びつくのかに関して彼らが詳細に語ることである。それはふつう、死んだ動物の魂が、人間の粗野な振る舞いを密かに見たり聞いたりしていて、天上へと駆け上がり、雷のカミや稲光のカミに告げ口をするイメージで語られる。動物に対する人間の粗野な振る舞い（ポニャラ）について聞き知ったカミは怒りに打ち震え、禁忌（タブー）を犯した人間たちに厳罰を下す。

プナンは、狩られて食べられる肉となった動物のことに言及しなければならないことが多々あるので、動物の本当の名前に加えて、死んだ動物の「別名」のリストを持っている。森の中から持ち帰られた動物や調理中の動物を前にして、サイチョウ（モトゥイ）は赤目（バロ・アテン）に、ジャコウネコ（パナン・アルット）は夜の動物（カアン・モレム）などに呼び替えねばならない。別名で呼ぶことによって、動物に対する粗野な振る舞いを避けるのである。

怒れるカミ、世界の秩序を取り戻す

すでに述べたように、プナンは大抵の場合、動物の魂が天空へと駆け上がり、カミに告げ口をするという。動物（の魂）が、人間の粗野な振る舞いに腹を立てるからである。なぜ、動物は怒ったり、告げ口をしたりするのかという私の問いにプナンは、名前を不意に呼ばれて人間がいい気がしないように動物もいい心持ちがしないし、礼を尽くして解体しないなどの人間の粗野な振る舞いに腹を立てるからだと答えた。

プナンのマルイに関して、私が直接聞いた中で長らく引っかかっていたのは、天空にいる雷のカミは眠っており、告げ口しに来た動物（の魂）にいきなり叩き起こされて、不機嫌のまま怒りを爆発させるのだという、何人かの年寄りたちの語りである。カミは眠りについて、まどろんでいるところを、驚天動地の人間の所業（ポニャラ）の知らせに愕然とし、怒りに打ち震えるというのだ。

こうしたプナンの年寄りたちの語りは、一考に値するように思われる。というのは、そこでは、「カミの夢見」が語られているからである。まどろんでいるカミが、突如もたらされた古今未曾有たる知らせに憤怒でいきり立つことで、天候の激変が引き起こされるのだ。

この点に関し、前述したチュウォンの結婚前の恋人たちのタライデンに対して比較詩学者・管啓次郎が与えた独自の解釈が、示唆に富んでいる。管は、以下のように述べている。

ふたりはやがて生まれてくる赤ん坊のことを想像しながらか、人間の乳児のために紐で編まれたハンモックにリスを入れ、やさしい言葉をかけたり歌をうたったりしながら、それを揺らした。これがタライデンを犯した。地下で永遠にまどろんでいるタロデン・アサルはその全知の夢の中でただちにこれを知り、からだを怒りにしぼりあげると大嵐をひきおこし、風と雨と洪水によって村をずたずたにしたあげく、若い恋人たちをその強力な顎の中に飲みこんでしまったのだ。

［管 1995: 70］

「『第七大地』と呼ばれる、暑く、湿気にみちて、陽光が絶えずさんさんとふりそそぐ地下世界の水の中にまどろむ巨大な原初の蛇にして超自然の女『タロデン・アサル』」［管 1995: 70］は、全知の夢を見ながらまどろんでいる。そのゆったりした時間の流れの中で、彼女はタライデン、すなわち誰かが動物をあざ笑ったことを知る。怒りに身体をしぼり上げて、激しく息をし、動き回るため、嵐と大水が人間の住む大地に襲いかかるというのだ。

その超自然的な女である蛇のカミは夢の中でまどろんでいた。そのまどろみを引き裂いたのは、人間による動物虐めの報だった。それは、強烈な心像すなわち「アニムス的なもの」だったのではないだろうか。

アニムスに関しては、少し説明が必要かもしれない。アニムスとは、女性らしいペルソナに対して、無意識のうちに集積されている論理性や強さのことであり、差異を明確にし、正誤の判断を下す男性的な原理のことである〔河合隼雄 2011〔1967〕: 212〕。「女性がアニムスにつかれると、女らしさを失ったものとして非難される」〔河合隼雄 2011〔1967〕: 217〕ことがある。超自然的な女であるタロイデン・アサルは、夢の中で、アニムス的なものに激しく揺さぶられ、夢から覚醒して禁忌の侵犯を取り返しのつかない悪と決めつけてしまう頑強な心的状態に入ったのではなかったか。

興味深いことに管はさらに、チュウォンの結婚前の恋人たちの伝説を以下のように解釈する。

日常的には地下世界に眠っている「法」が、みずからに対する違反を知るとただちに目覚め、地上に夢の混乱をもたらし、しかるべき犠牲をとった上で、秩序の回復を図る。地上世界での自然界／人間界の水平的分割は、ここでは地上世界（＝日常的現実）／地下世界（＝法的権威の空間）という垂直的分割の上に立っており、その「法」に権威を与えるのは、まさに地下世界へと投射された夢の、あらゆる区別（大地／水、村／森）を攪乱する暴力（のイメージ）なのだ。

［管 1995: 70-1］

超自然的な女である蛇のカミ（タロイデン・アサル）は、「法」の権威であり、最高審級たる地下世界の存在者である。心地よい眠りは、地上での人間と動物の根源的平等を転覆するかのごとき人間の振る舞いによって粉々に打ち砕かれ、彼女は久遠の幸福感の夢心地からはたと呼び覚まされる。夢の中で彼女の見たものとは、絶対に犯すべきではない、人間と動物の対称性をめぐるタブーの侵犯の心像だったのではあるまいか。アニムスによってまどろみからペルソナを呼び覚まされた蛇のカミは、息を荒らげてのたうちまわり、地上世界を混乱の極みに陥れるのだ。

これまで見てきた、マレーシアの熱帯雨林の人々の抱く「まどろむカミ」のイメージを、ユング心理学に拠りながら、カミの「私」の問題——自我と自己をめぐる問題——として捉え返してみることができるかもしれない。チュウォンの地下世界に棲む超自然的な蛇女であるタロイデン・アサルは、まどろみの中に現れたアニムス像としての、地上世界の人間による驚愕すべき振る舞いに忘我の境地に陥り、はち切れんばかりの怒りを炸裂させ、それが地上世界で暴力となって吹き荒れる。そのことにより、窮極的に、地上世界の秩序の回復が図られたのではなかったか。

タロイデン・アサルは、意識が抑制できる範囲を超えて自我を一気に拡張し、荒れ狂うという困難と危険のうちに、変容をつうじて、自己をつくり上げようとしたのである。チュウォンのタロイデン・アサルにとって、あるいはプナンのバルイ・ガウ（雷のカミ）にとって、すなわちマレーシアの狩猟民の天候をつかさどるカミという自我にとって、自己とは「世界」のことに他ならない。

9 純粋記憶と死者の魂

ベルクソンとアニミズム

予知夢とテレパシー

ユングのいう「同時性（シンクロニシティ）」とは、河合隼雄によれば、「自然現象には因果律によって把握できるものと、因果律によっては解明できないが、意味のある現象が同時に生じるような場合とがあり、後者を把握するもの」〔河合隼雄 2018［1977］: 202〕である。中年までは順調に暮らしてきた人が、中年になってある時突然荒れたり、失敗したりすることがある。それらは、個人の「自我」のほうから見ると、たんに避け難くして起きたことであるが、「自己」のほうから見ると、全体性への回復をつうじて「自己実現」がなされるための一つの巧妙なアレンジメントなのである。

また同時性という言葉で表されるのは、将来起きること（あるいはほとんど同時に起きたこと）を夢に見る「予知夢」のことでもある。伯父の死の夢を見て目覚めた時、その伯父の死を報ずる電報を受け取ったというのが、それにあたる［河合隼雄 2011［1967］: 9］。哲学者アンリ・ベルクソンは、一九一三年のロンドン心霊研究協会での講演で、ユングのいうこの同時性を「精神感応」ないしは「テレパシー」をめぐる問題として取り上げている。

ベルクソンが出席した国際会議で、偉大な医者兼科学者が、ある聡明な夫人の話として、士官である夫が戦闘で亡くなったちょうどその時に、死の光景をまぼろしとして見たことを紹介した。その医者は、それは透視ないしはテレパシーだということができるかもしれないが、まぼろしが実際に起きた（正しかった）場合だけを取り上げて、そうでない場合は考慮していないことを忘れていると述べた。加えて、一覧表を作ってみると、まぼろしと実際に起きたことの一致が偶然のなせる業であることが分かるはずだと言った。ベルクソンが席を立った時、彼の隣にいた若い娘が、その医者の言うことはどこか間違っていると述べたという。ベルクソンはその娘の考えに賛同している。医者は真実の場合と誤りの場合の数を比較しなければならないと提唱したのだが、ベルクソンによれば、そのことで、その夫人の知覚した光景そのものを無視して、問題を、数を抽象的に比較することへとすり替えてしまっている。
ベルクソンは、あの医者と議論するのであれば、きっと以下のように言っただろうと述べている。

あなたの聞かれた話が信用できるものかどうか、私は知りません。そのご婦人が遠いところで展開された場面を正確に見られたかどうかも、私は存じません。しかし、もしその点が証明されるならば、もしその場面に登場している彼女の知らない兵士の顔が現実のとおりに彼女に現れたということが確信さえできるならば、そのときにはたとえ誤ったまぼろしが幾千あったと証明され、彼女の見たもの以外に本当の幻視が決してなかったとしても、私はテレパシーの実在が厳密かつ決定的に立証されたものと考えます。さらに一般的に言えば、感覚の働きを拡張するすべての機器を使っても到達しえないものや出来事を知覚する可能性が立証されたものと考えます

［ベルクソン 2012: 107-8］

ベルクソンによれば、士官の夫人の知覚した精神現象を、近代科学のもとで数値に置き換え

ることは、その現象そのものに向き合う誠実な態度とは言えない。その夫人の語った経験は、逆に、テレパシーという精神現象を証し立てる証言としての価値があるというのである。

直観と悟性

わが国におけるベルクソンのよき理解者である批評家・小林秀雄もまた、これに類似する幾つかの精神現象に関する経験と思索を私たちに残してくれている。小林のベルクソン論である『感想』は、太平洋戦争終戦の翌年に起きた母の死後のエピソードから始められている。仏壇に上げるろうそくを切らして、小林が夕暮れに買い物に出かけると、門の前に大ぶりの蛍が一匹飛んでいるのを見た。「おっかさんは、今は蛍になっている、とふと私は思った。蛍の飛ぶ後を歩きながら、私は、もうその考えから逃れることが出来なかった」［小林 2015: 12］。しかし、

実を言えば、私は事実を少しも正確には書いていないのである。私は、その時、これは今年初めて見る蛍だとか、普通とは異って実によく光るとか、そんな事を少しも考

えはしなかった。私は、後になって、幾度か反省してみたが、その時の私には、反省的な心の動きは少しもなかった。おっかさんが蛍になったとさえ考えはしなかった。何も彼《か》も当り前であった。従って、当り前だった事を当り前に正直に書けば、門を出ると、おっかさんという蛍が飛んでいた、と書く事になる。

［小林 2015: 12］

小林の経験としては、門を出ると、亡くなったおっかさんという蛍が飛んでいたと感じられたということだけであった。小林は、曲筆のないその「童話」に対して、事後の徒《いたずら》な反省によって「妙な気持」が浮かんだのだとも述べている。その妙な気持ちとは、事実の直接的な経験から発したものではなかったのだという。そう述べた後に小林は、「寝ぼけないでよく観察してみ給え。童話が日常の実生活に直結しているのは、人生の常態ではないか。何も彼もが、よくよく考えれば不思議なのに、何かを特別に不思議がる理由はないであろう」［小林 2015: 14］という言葉でこのエピソードを締めくくっている。「おっかさんという蛍が飛んでいた」経験は、特別に不思議がる必要のない出来事なのである。

小林の言う「妙な気持」とはいったいどのようなものだったのか？ それは、論理的思考である「悟性」によって自らを振り返ることで喚起されたものだと言えよう。しかし、精神に関わる経験では「悟性の機能だけでは間に合わぬ何ものかがある」〔小林 2015: 25〕。その「何ものか」とは、「直観」に他ならない。要するに、直観が先にあって、小林は、悟性を用いて直観による経験を妙な気持ちであると判断したのである。

悟性と直観は対立概念ではない。それらは、「対立しながら、その境界を接して、補い合う」〔小林 2015: 25〕と小林は言う。小林はこうした見方をベルクソンから得ている。ベルクソンを評して小林は言う。ベルクソンは、「哲学者として直観による精神の解放を目指して歩くのだが、その事は彼の精神が物質との接触を断つという事にはならない。悟性とは精神の物質へ向う注意力なら、この注意力を補う様に、精神が精神に向う直観と呼ばれる注意力が、これに連結している」〔小林 2015: 26〕と。精神が精神に向かう時に現れるのが直観であり、精神が物質に向かう時に現れるのが悟性である。その二つは、対立するのではなく、分かち難くつながっている。

ここでもう一つ、小林の思索にあたってみたい。小林は、民俗学者・柳田國男の『故郷七十年』所収の「ある神秘な暗示」の中で語られる、柳田の直観的な経験に注目する。十四歳の頃、柳田が住んでいた家の近隣の小川家の庭に、亡くなったおばあさんを祀った新しい祠があった。柳田が抑えられない好奇心からその祠の石の扉を開けると、綺麗な蠟石の珠が納められていた。後に聞いて知ることになるのだが、そのおばあさんが生前中風でその珠をしょっちゅう撫でまわしていたため、祠の中に祀ったのである。

柳田は自分がその美しい珠を見た時のことを語っている。「フーッと興奮してしまって、何ともいえない妙な気持になって、どうしてそうしたのか今でもわからないが、私はしゃがんだまま、よく晴れた青い空を見上げたのだった。するとお星様が見えるのだ。今も鮮やかに覚えているが、じつに澄み切った青い空で、そこにたしかに数十の星を見たのである」［柳田 2016: 56］。

そんなぼんやりした気分になっているその時に、突然高い空で鵯《ひよどり》がピーッと鳴いて通った。そうしたらその拍子に身がギュッと引きしまって、初めて人心地がついたのだった。あの時に鵯が鳴かなかったら、私はあのまま気が変になっていたんじゃないかと思うのである。

［柳田 2016: 56］

美しい珠を見た時に柳田の心に湧いてきた「妙な気持」とは、直観を悟性から振り返った瞬間の感覚ではなかったか。いずれにせよ、柳田少年は「異常心理」に陥り、鵯の鳴き声で我に返ったのである。

小林は、この柳田のエピソードを読んだことを『学生との対話』の中で言及し、「私はそれを読んだ時、感動しました。柳田さんという人が分ったという風に感じました」［小林 2017: 181］と述べ、以下のように語っている。

ここには、自分が確かに経験したことは、まさに確かに経験した事だという、経験を尊重するしっかりした態度が現れている。自分の経験した異常な直観が悟性的判断を超えているからと言って、この経験を軽んずる理由にはならぬという態度です。例えば、諸君は、死んだおばあさんをなつかしく思い出すことがあるでしょう。その時、諸君の心に、おばあさんの魂は何処からか、諸君のところにやって来るではないか。これは昔の人がしかと体験していた事です。

［小林 2017: 182-3］

小林は、直観が悟性を超えているような経験を軽視しない柳田の態度を高く評価する。後段ではさらに、亡くなったおばあさんを思い出す時、おばあさんの魂がやって来ると直観するようなことは常識の範囲のことで、当たり前のことなのだと述べている。それもまた特に不思議がる必要のない出来事なのであるが、こうした経験が柳田民俗学の礎になっていると読み込んで、小林は柳田の偉大さを称えるのである。

魂の実在性

小林はこうした議論の延長線上に、魂の実在に関して、ベルクソンに拠りながら以下のように述べている。

ベルグソンの研究によれば、僕らの魂は、脳の組織の中には存在しない。もしも脳の組織の中に存在しているのであれば、脳の組織を調べれば魂はわかるわけでしょう？　そこにはない。けれども記憶現象は、いわゆる魂は、存在しているのです。これをおかしいと思うのは、古い、習慣的な考え方ですよ。存在するというと、いつも

空間的なものを考えてしまうのです。これは僕らの悟性の機能の習慣に過ぎない。

〔小林 2017: 59〕

脳の組織の中に存在しない記憶、それがすなわち魂の正体である。それは空間的な場所を占めないために実在しないのだと考えられる傾向があるが、「魂の実在というのは、空間的存在ではない。決して物的存在に還元しえないものなのです」〔小林 2017: 60〕と小林は言う。直観によって魂は実在する。

ところで、「記憶現象は、いわゆる魂は、存在しているのです」とはいったいいかなることなのだろうか？　その点を探るために、ベルクソンに問い尋ねてみよう。ベルクソンは、知覚と記憶との関係について述べている。

じっさいには、知覚であって、しかも記憶《スヴニール》が浸みこんでいないものなど存在しない。じぶんの感官の直接的で現在的な所与に対して私たちは、みずからの無数の過去の経験についてその細部を混入しているのだ。

〔ベルクソン 2015: 65〕

私たちが対象を知覚する時には、そこにすでに過去の「記憶」が浸透しているとベルクソンは言う。そして「ひとつの知覚はじっさい、どれほど短時間のものと想定されても、つねに一定の持続を占める」[ベルクソン 2015: 66]。つまり、知覚が成立するには「持続」という一定の時間の経過が必要であり、そこに記憶が含まれていることになる。それゆえに、一瞬の知覚は知覚たりえないし、知覚することは記憶することに他ならない。

ここからは、やや抽象度は高まるが、記憶を軸として、「精神と物質」の関係を探ったベルクソンの論点を追ってみたい。哲学者・中村昇によれば、知覚と記憶が混合した領域、つまり必ず記憶を伴って知覚されるものとは、人間から独立した客観的なものでもなく、だからといって、こちら側の意識や精神だけで作り上げられたものでもない、精神と物質の中間地帯としての「イマージュ」である[中村 2014: 65]。言い換えれば、精神と物質の間にあるイマージュこそが、記憶が浸透している知覚なのである。これをひっくり返して、精神と物質について考えてみよう。

——知覚による情報を一切排除した「純粋記憶」と、記憶がまったく浸透していない「純——

粋知覚」というわけだ。前者が精神で、後者が物質ということになる。純粋記憶は、生きるための注意がきれいさっぱりなくなったときあふれでてくる。…（中略）…「純粋知覚」はあくまでも理念的（権利上の）存在であり、それが完全なかたちで成立するのはむずかしい。
［中村 2014: 66］

精神とは、純粋に記憶だけから成るもののことである。精神は魂と呼び変えてもよい。他方、物質とは記憶を除いた知覚のことである。記憶を全て抹消し、知覚によって純粋に対象にのめりこむならば、物質の一部になってしまう。中村は、それは仏教の華厳思想でいうところの「事々無碍《じじむげ》」に近いと見ている［中村 2014: 67］。

今一度、知覚する場面に立ち戻ってみよう。知覚の現場では、記憶と知覚が融合し、物質界に精神性が入り込む［中村 2014: 68］。記憶と知覚が融合した精神性が、物質性を超えて広がっていくのだ。

ベルクソンは、このことを以下のように述べている。「心の働きは脳の働きよりもずっと広いと私たちに考えさせるなら、魂の残存は大いに確実となり、したがって証明の義務はそれを肯定する人よりも、むしろ否定する人に課せられることになります」［ベルクソン 2012: 120］と。記憶を伴う知覚が身体を超えて広がっていくという考えを受け入れれば、魂が存在しないなどと言ってはいられなくなるというのだ。

> 身体組織を超え出る意識という考えに私たちが慣れるにつれて、肉体の滅びた後に魂が生き残ることを私たちは自然だと思うようになるでしょう。
> ［ベルクソン 2012: 120］

記憶と知覚が融合した精神が身体を超えて広がるという考えを、私たちが常識の範囲で持ち続けているのならば、身体がなくなった後にも魂は残存することになる。かくして、魂は実在する。

プナンの死、死者の痕跡なき純粋知覚

ベルクソンをアニミズムに招き入れるこれまでの試みを踏まえて、前章に引き続きボルネオ

島の熱帯雨林に住む狩猟民プナンの「魂」について考えてみたい。プナンにとって魂とは、生きとし生けるものだけでなく、カミや霊を含めた存在者の現存性を規定する重要な三つの要素のうちの一つである。一九五〇年代初頭にプナンの調査研究を行った人類学者ロドニー・ニーダムは、プナンの人（人格）の概念について記述している。以下では、その概要のみを示す。

プナンは、人間は三つの要素から成ると考えている。身体・魂・名前である。…（中略）…

身体は状態（強さや敏捷さなど）と形態（身体変工など）の変化を経験し、概して内面的な方向づけによって動くが、モノと同じような物質的条件の影響を受けやすい。

魂は状態の変化を経験する点で身体と類似するが、認知できる形態を持たないし、揮発的であるという点で（身体と）特徴としては同じでない。個人の人生をつうじて、魂は持続的で個別的な性質を持つが、実体がないだけに可能な極度の動きの自由を持つ。身体は一時的で死すべきものであるが、魂はカミの永遠なる存在からやって来て、一時的に身体と結合する。

名前によって印づけられるのが、身体と魂の不確かな結合である。名前は人格の一構成要素である。人間は名前なしでは存在しえないからであり、個人がそれによって知られる名前が、身体的および精神的な状態に影響を及ぼすからである。しかし名前は身体と異なり無限に変化する。
[Needham 1971: 205-6]

プナンにとって、人間（keluman）とは、身体（use）・魂（baruwen）・名前（ngaran）の三要素を備えた存在である。この三要素がそろった場合に、その存在は人間であるとされる［卜田 1996: 111］。ニーダムの説明によれば、そのうち魂とは、揮発的で実体を持たないがゆえに認知できないが、状態の変化（強くなったり、弱くなったり）を経験するものであり、宇宙の永遠のかなたからやって来て、一時的に身体と結びついている。以下では、ベルクソンを補助線として、ベルクソンの誤読を承知の上で、人間の死を契機として、プナンが常識の範囲で、魂をどのようなものとして捉えているのかを探ってみよう。

プナンはかつて森の中を遊動していた。その時代には、「死が起きると、遺体はできるだけ早く彼らが占有していた小屋の炉の下に埋められ、住まいは取り壊されるか焼き払われ、キャンプは崩れて移動した」［Brosius 1995-6: 200］。プナンは、死者の痕跡に心痛を感じ、心痛から逃れるために死者を埋めてその場から立ち去った［Brosius 1995-6: 200-1］。ベルクソンを援用すれば、死者の痕跡とは、生者にとっての死者の記憶のことであり、知覚の現場で記憶を抹消すること、あるいは魂を滅却することで、目の前にある物質、つまり世界にのめりこもうとしていたのである。

プナンには、衣服をはじめ個人の所持品があるが、今日人が死ぬと、それらは燃やされる。生者は死者の遺品を暴力的なまでに徹底的に焼き尽くし、死者が生きた空間のかたちを無に帰し、死者自身の痕跡の一切を見えないように取り計らう。その時にも同じように、死者の記憶が知覚の現場から取り除かれ、生者は眼前の世界に入り込む。

また遺族は、死者の名前を発してはならないとされる。「死者の名前は絶対に言ってはならないし、死者と同じ名前のすべての人は他の名で呼ばれなければならない」［Nicolaisen 1978: 33］。死者は、葬儀で作られた棺の素材である樹木の名前を用いて、「ドゥリアンの木の男」、「赤い沙羅の木の女」などという言い方で仄めかされるだけである。

名前もまた死者の記憶に関わるものであり、魂とともに名前は知覚から取り払われ、残された人々は理念上一種の純粋知覚の中に入り、世界にのめりこむ。

死に際して、死者の記憶が生者の周囲から一掃されるのだと言い換えてもいい。ベルクソン

ブラガ川上流の森の中のプナンの狩猟小屋。

風に言えば、死者の記憶が知覚から排除されれ、理念上記憶が知覚に全く浸透していない「純粋知覚」が生み出され、人々は死者の記憶のない眼前の世界に没入する。記憶とはすなわち魂のことなのだとすれば、魂はこの世から断ち切られ、ここではないどこか遠くのかなたにさ迷いながら、やがては消えゆく運命にあるものとして想念される。

年に二回プナンの居住地を訪れる際に私が持ち込む、半年前まで生存していた今は亡き者たちの写った写真は、フォトアルバムから引き抜かれ、近親者の目に触れないように処分される。写真とは記憶に他ならない。死者の記憶が呼び覚まされないような工夫がなされるのだ。記憶＝魂は永遠のかなたに消えてゆくものとして扱われる。

しかし、死者の記憶＝魂を遠ざける数々の行動によってかえって、死者の記憶＝魂は、ある時ふと生者たちによって喚起されることがある。生者たちは、食事を終えた夕暮れから夜にかけて、つかの間の満たされた気分で何もすることがない時などに、死者の記憶が否応なく呼び覚まされることがある。そんな時、生者たちは、知覚から情報をすべて抜き取った純粋記憶に入っていくのだ。

プナンは「タワイ（*tawai*）」とその動詞形である「ムナワイ（*menawai*）」という言葉を用いて、死者の魂とつながろうとすることがある。「私は父を懐かしく思い出す（*Akeu menawai Ame*）」。「タワイは、過去の事柄についての記憶と慈しみを意味する」［Jayl Langub 2011: 107］。それは、過去の記憶が呼び覚ます情動を表現する語彙である。

プナンはそのように、悟性に基づいて言葉を介して死者のことを語ることもあれば、「精神が精神に向かう」直観により、鼻笛（*kerengot*）を用いて、死者の魂に触れようとする場合もある。狩猟小屋に寝泊まりしていたある月の明るい夜更けに、森の奥から鼻笛の震えるような音色が聞こえてきた。私が町に出かけていた間に（二週間ほど前）、別の狩猟小屋に住んでいた十歳にもならない子どもが死んだのだと教えられた。死者の家族が若死にした少年の魂とつながろ

鼻笛を吹くプナンの女性

うとする思いから鼻笛を吹いていたのである。

死者の記憶は、知覚の現場からひと思いに断ち切られてしまうがゆえに、ふとした場面で立ち戻ってくることがある。そうした死者の記憶＝魂に対して、プナンは物悲しい音色の鼻笛を吹いて、死者の魂と合一し、夜の闇に死者を想う。プナンはかつてともに暮らしたが、今ではいなくなった身近な人たちの魂を、悟性以前の直観により、まざまざと呼び覚ますのだ。純粋記憶の全面化。これこそが、プナンが魂と呼んでいるものの正体である。

10 記号論アニミズム

エドゥアルド・コーンの思考の森へ

アニミズムのマクロ

アニミズムはいったいどこにあるのだろうか？　アニミズムは、モノや対象が存在するのであればどこにでもあるのだと言える。それはとりわけ、人間を超えた存在が犇《ひし》めきあう自然の中に豊富に潜んでいるのだと言うことができるかもしれない。だがもう一歩踏み込んで、アニミズムが高濃度で現れる場所があるのだとすれば、それは森の中であろう。私たちは森の中で凝縮したアニミズムに出会うことができる。森には、人間を超えた夥しい数の生と事物が息づき蠢《うごめ》いているからである。

梅原猛は、他の地域から遅れて二千三百年ほど前に稲作農耕を導き入れることになった日本の国土の三分の一にはその後も自然林が広く残されて、森が日本人の宗教を生み出したのだという［梅原 1995: 209-10］。大樹・石・山・川・岩・地・動植物などの自然崇拝が、神道の基礎となった［梅原 1995: 210］。六世紀には、仏教が伝来する。仏教は元来、人間が悟りを開くことを説く人間中心主義的なものだったが、日本では、人間ばかりか生きとし生けるもの全てが仏になれるという自然を包含する思想へと変容していった［梅原 1995: 212］。「山川草木悉皆成仏」という天台本覚思想が広まり、その後太陽という自然神である大日如来《だいにちにょらい》を中心に据える密教や、一切衆生が死んでから還ってくるという浄土教が盛んに行われるようになった［梅原 1995: 215］。

梅原によれば、「日本の神道や仏教はアニミズムの原理によっている」［梅原 1989: 13］。そのアニミズムの特徴とは、「霊が植物にも動物にも天然現象にも存在するという点…（中略）…また、霊の再生、霊のあの世とこの世の絶えざる循環という思想」［梅原 1989: 17］だという。生きとし生けるもの全てが内面的につながっており、霊的なるものが絶えざる往還の相に置かれるという特徴は、本書でこれまでに見出されたアニミズムの特徴とも合致する（第3章、第4章、第5章参照）。

こうした検討を踏まえて梅原は、アニミズムの原理の上に成立した神道と日本仏教のことを

「森の宗教の思想」と呼んでいる［梅原 1995: 215］。森の宗教の思想は、山や川を含め、生きとし生けるものは全て同じような存在であり、ともに成仏することができ、また生はやがて死へとつながり、それはまた生へとつながるという、絶えざる往還の相を孕んでいる。森という環境、特に日本列島に残されてきた森は、アニミズムを私たち日本人に刻みつけてきたのかもしれない。

この梅原による森とアニミズムの相関の指摘は、全くそのとおりだと思う。しかしそのアイデアには、あまりに大きすぎて何も言うことができず、ただ頷いてしまうだけである。日本の国土の上に歴史的に積み重ねられた思想の蓄積を見渡す時に現れるそうしたアニミズムのマクロな見取り図の先に、なぜそうなっているのかという点に、もう一歩踏み込んでいくことはできないだろうか。一気に踏み込むことは困難かもしれないが、いわばミクロな次元で、森のアニミズムの可能性を探ってみたい。本章で検討してみたいのは、そうした問いである。

森の曼荼羅の小宇宙へ

人類学者・中沢新一は、「森は、その中に踏み込んだ人間に、容易に観察者の立場に立つことを、許さない」［中沢 2015: 81］と言う。森の内部から抜け出て、小高い山に登って森の全体像を見渡す観察者は、森の一般理論を考えつくかもしれない。しかし、彼は小川の中で起こっている不思議に満ちた生命の世界を知ることができない。それは、山の上からはけっして知ることができない。山を降りて森の中に入り込んだ観察者は、森を全体像として捉えることを放棄するだろう。自分自身もまた森の一員として、その大きな全体の中に深く巻き込まれていることに気づかされる。観察者自身も森の一部であり、自分も森から切り離された「外部」ではなく、森の奥深くに隠された夥しいモノたちと彼の生命は、いまやひとつながりになっていることを知る。「このとき、森は自分の本質を、観察者の立場を放棄した彼の前に、おもむろに開く」［中沢 2015: 82］。那智の森の中に生きた偉大な観察者・南方熊楠は、そのようにして、「マンダラとしての、オートポイエーシスとしての生命だけが知ることのできる、神秘の体験」［中沢 2015: 83］に踏み込んでいったと、中沢は述べる。

森がどのようなものであるのかを知るために、ミクロな部分に光をあてるのは、日本の観察者だけではない。アメリカの森の中の生の営みを直径一メートル強の円形の「曼荼羅」の内側に入り込んで観察する生態学者がいる。デヴィッド・ジョージ・ハスケルは、テネシー州東部の森の曼荼羅のうち極小のものの中に、普遍的なものを探し出そうとする。「七里ぐつを履いて大陸の端から端まで飛び歩き、結局何も見つけられないよりも、小さな面積についてじっくりと考えるほうが、森の真実がより明らかに、鮮やかに姿を現わすのである」［ハスケル 2013: 8］。

ハスケルは森で、濡れた落ち葉の上に二匹の琥珀色のアリを発見する。落ち葉の中に渦を巻いて横たわっている紐状のものにアリたちは特別な関心を寄せていた。そのうち一匹が巻きひげを触角で叩くと、コイル状のものがまっすぐになり、ガクンと動いた。ハリガネムシだ。ハリガネムシは水たまりや小川に産みつけられた卵から孵化し、河床を這いまわって、小さな昆虫に食べられる。小さな昆虫が陸地に這い上がって、雑食性のコオロギに食べられると、コオロギの体内で人の手ほどのハリガネムシに成長すると同時に、水を怖がるコオロギの脳を支配して水に向かわせる化学物質を分泌する。そして、コオロギが水の中に入ると、ハリガネムシはコオロギの体壁を突き破って、くるりと身を回転させて自由になる。そして、ハリガネムシたちは、「ゴルディアスの解けない結び目」のように絡まりあって乱交し、卵を産みつける［ハスケル 2013: 17-9］。

中沢が、そしてハスケルが、マンダラ＝曼荼羅と呼びたい誘惑に駆られたように、森のミクロな世界は、生命が織り成す宇宙全体を見るための舞台である。ミクロな部分に目を凝らす観察者は、アリが触角で叩くことで入っていくことができるハリガネムシの小宇宙から、宇宙全体で営まれている生命活動へと想像を広げていく。

翻って、梅原は山の上から森を眺めるように、森との相互作用によって日本人が養ってきた思想の分厚い層としてのアニミズムを発見した。そうしたマクロな次元の観察に加えて、南方や中沢やハスケルのように、森の中に踏み込むならば、ミクロな次元における観察をつうじて、アニミズムを明晰に捉えることができるのではないだろうか。

記号論ネットワークと「思考」する「自己」

森の奥深くに入り込んで森の小宇宙の生態学の観察者となれば、私たちは、アニミズムが躍り出てくる瞬間により間近で立ち会うことができるだろう。この点を深めてみるために打ってつけの研究がある。人類学者エドゥアルド・コーンによって書かれた、南米エクアドル東部のアヴィラの森に住むルナの民族誌『森は考える』［コーン 2016］である。

その本の中でコーンは、森の中で、生きとし生けるものが、生きていくために互いに交渉・交換する過程で、アニミズムがすうっと立ち上がってくる瞬間を捉えようとしている。彼が採った戦略とは、「考えること」すなわち「思考」を人間だけのものに限定するのではなく、生きとし生けるもの全てが「思考」すると捉えることによって、生きものたちの「思考」を跡付けながら、森が思考する精神的宇宙であることを豊かに示すことであった。C・S・パースの宇宙哲学の独創的な解釈を含め、コーンの理路の一つ一つを追うことはここではあまり意味がない。以下では、コーンのアニミズム論、とりわけ記号論的なアニミズム論に絞って検討を加えてみたい。

コーンは、アニミズムに関して、以下のように述べている。

> アニミズムは、ひとつの存在論的な事実に根ざしている。すなわち、他なるたぐいの思考する自己が人間的なるもののかなたに存在する、という事実である。
>
> 〔コーン 2016: 166〕

アニミズムは、人間にとっての「他なるたぐい」としての森の生きものたちが「思考」することによって、「自己」として立ち現れてくるという事実に緊密に結びついている。コーンによれば、生きものたちが「記号過程」もしくは記号論的ネットワークの中に入り込むことによって「思考」が生み出される。と同時に、生きものたちは精神を持つ「自己」となる。コーンは、この存在論が、アニミズムの土台となるのだと言う。

ところで、記号過程とは何か？　それは、大摑みに言えば、「イコン（類像記号）」と「インデックス（指標記号）」という「記号」の受け渡しのプロセスのことである。イコンとは、ナナフシが木の枝と見分けがつかないほど擬態していることで表されるような「類似」に基づく記号である。インデックスとは、煙がもくもくと上がっていることによって、火が焚かれていることが表されるような「指標」的な記号のことである。この二つの記号を、人間だけでなく、人間以外の生きものも同じように言語以前の段階で、理解し解釈する、すなわち「思考」する。人も人外も同じく、それらの記号を受け取って「思考」し、次に取るべき行動を組み立てているというのがコーンの森の記号論的ネットワークの骨組みである。

抽象的過ぎるかもしれない。具体的にはいったいどのようなことなのか？　以下では、コーンがあげる四つの生きものの事例を取り上げて、森の生きものたちが、記号過程の中に入り込んで、どのように「思考」し、記号論的な「自己」として現れ出るのかを見てみよう。

一つめは、ウーリーモンキーの事例である。森の中に狩猟に出かけたイラリオとルシオの二人は、樹上に見つけたウーリーモンキーを射撃しようとした。彼らは、ウーリーモンキーを射撃するために、それが隠れていた林冠の止まり木から明るい場所に追い出す必要に迫られた。その必要から、イラリオとルシオはヤシの木を切り倒したのである。ヤシの木の大きな倒壊音は、樹上にいるウーリーモンキーを驚かせ、止まり木から立ち退かせることになった。

「倒壊は…（中略）…何かを指差する」［コーン 2016: 60］。ヤシの木の倒壊音をインデックスとして受け取ったウーリーモンキーは危険を察知して、咄嗟にその場から飛び退いたのである。コーンによれば、「びっくりしたサルが高い止まり木に飛び移ったことは、この生きている記号連鎖の一部である…（中略）…ひとつの思考が別の思考を引き起こし、次に別の思考へとつながり、さらには潜在的な未来を引き起こすことになる」［コーン 2016: 63］。

ウーリーモンキーが、ヤシの木の倒壊音を未来の危険を示すインデックスとして受け取って、その止まり木から飛び退いたという記述の中に、私たちは、ウーリーモンキーの「思考」の軌跡を認めることができる。その時、ウーリーモンキーはまた、精神を持つ記号論的な「自己」として現れたことになる。この存在論が、コーンによれば、アニミズムの土台となる。

二つめの事例として、イヌがヤマライオンに遭遇した時の反応を取り上げてみよう。どうやらイヌたちは、獰猛な捕食獣であるヤマライオンを、同じ黄褐色で、大きさの似た獲物であるアカマザマジカと見まちがえたようだった。イヌたちは最初、向き合っている動物に対して「ゥアッ、ゥアッ、ゥアッ」と勢いよく吠えていたが、その直後鳴き声は、イヌたちが威嚇や攻撃を受けた時に上げる「アヤーイ、アヤーイ、アヤーイ」という甲高いものに変わった。ルナの女性ルイーサが、イヌたちのその声音の変化に気づいた［コーン 2016: 125-6］。

イヌたちは、対象をアカマザマジカであると同定するイコン的な「思考」から、それをヤマライオンと捉え直して、自らの危険を察知して後退するというインデックス的な「思考」へと移行した。興味深いことに、この場面で、イヌたちが「思考」したことの証は、イヌたちが『とても、とても愚か』［コーン 2016: 129］だった、つまり対象を見間違えたことにある。イヌたちは、記号を受け取った際の「思考」内容の変化をつうじて、記号論的な「自己」になったことが、はっきりと浮かび上がったのである。それは、「人間的なるもの」のかなたに、アニミズムが立ち現れた瞬間でもあった。

三つめは、ハキリアリをめぐるエピソードである。ハキリアリは、年に一度だけ夜明け前に、羽つきの女王アリを巣から吐き出して、他のコロニーの雄アリと交尾させる。羽つきアリは脂肪分たっぷりで、塩をまぶしてあぶれば、美味である。人間だけでなく、動物たちはこぞって毎年僅かなタイミングを待ち構えてハキリアリを捕まえようとする。

カエル、ヘビ、小型ネコ科動物などが、ハキリアリや、ハキリアリに誘われてきた動物に引きつけられてやって来る。それらの生きものたちはハキリアリを監視し、ハキリアリを監視している動物にも目配りする。生きものたちは、ハキリアリの周囲に出没する生きものたちの行動を、ハキリアリを狙っているのだと、インデックス的に解釈して、「思考」する「自己」となる。

コウモリも飛行中のハキリアリを襲撃しようと待ち構える。コウモリは、脂肪のたっぷり詰まったハキリアリの腹部を噛みちぎって捕食する。それに対して、ハキリアリは捕食者たちの裏をかき、夜行性と昼行性の両方の捕食者から最も見つかりにくい夜明け前の時間帯を選んで、巣から飛び立つ。ハキリアリもまた、自分たちが狙われているのだと、インデックス的に「思考」する「自己」になる。記号論的なネットワークの中に、瞬間瞬間に「思考」する「自己」であるカエルやヘビやコウモリやハキリアリが現れ出る。それらは互いに刻々と駆け引きをする。

最後に、メジロメキシコインコと人間が絡まり合う事例を取り上げてみよう。ルナは、トウモロコシ畑からメジロメキシコインコを追い払うために、「インコ嚇《おど》し」と呼ばれる案山子を毎年つくる。同じ長さの平らなバルサ材の板を十字に組み合わせて、赤と黒の縞を植物と炭で描き、板の上部には顔を彫り、目も描く。猛禽類の尾羽を板の末端に差し込んで飾りつけることもある。

案山子は、猛禽類の写実主義的な代物ではない。しかしメジロメキシコインコは、その案山子を猛禽類のイコン的な記号として受け取って、周辺に近寄ろうとしない。メジロメキシコインコにとって、案山子は、捕食者である猛禽類に見えるのだ。「こうした案山子はうまくインコを遠ざけており、そのためアヴィラでは毎年つくられている」［コーン 2016: 157］。案山子がメジロメキシコインコを追い払うことに奏功することから、メジロメキシコインコは案山子を猛禽類として解釈して「思考」していることが分かる、同時に精神を持つ「自己」として出現する。人間（ルナ）は、案山子を制作する過程およびその恩恵を確認する瞬間瞬間に、アニミズムを経験しているのだと言えよう。

コーンとともに、森の中で魂を生け捕りにする

夥しい数の生きとし生けるものが息づき蠢いている森の中に入り込めば、そこに精神や魂が宿っている必然が感じられる、すなわちアニミズムを感知することができるという単純なことではなかった。

「思考」する「自己」として現れ出るウーリーモンキー、イヌ、ハキリアリ、メジロメキシコインコの事例のうちに、コーンによって示されたのは、生きとし生けるものが、記号論的なネットワークの網の目の中に入り込み、記号を受け取って、そのつど記号を解釈する過程で「思考」する精神が生み出され、記号論的な「自己」が出現すると同時にアニミズムが立ち上がるということであった。

コーンは、生きものたちがなぜ精神を持つ「自己」であるのかを、端的に、以下のように表現する。

> 記号は精神に由来しない。むしろ逆である。私たちが精神あるいは自己と呼んでいるものは、記号過程から生じる。

精神とは、記号過程の産物なのである。「思考」する精神とは、魂のことに他ならない。そのことが、アニミズムの深い淵源だったのである。

［コーン 2016: 64］

アニミズムが、あらかじめ森の中に存在するのではない。生きものたちが記号過程のやり取りをつうじて、人間的なるものを超えて「思考」する精神を持つ存在として現れ出るのと同時に、アニミズムが立ち現れるのである。

記号過程に結びついた生きとし生けるものの生命活動のうちに、「生ある思考（living thought）」が行なわれるとするコーンの指摘は重要である。

ルナのアニミズムとは、世界における生ある思考に注意を向ける方法のことであり、それが生命と思考の重要な特性を増幅し、明かすのである。ルナのアニミズムは、世界を思考するひとつの形式であり、世界＝内＝思考の独特な属性のいくつかを可視化するようにして、特定の状況でその思考に親密に関与することから生じる。

［コーン 2016: 129］

アニミズムとは、ルナ（人間）が「生ある思考」に注意を向けることに他ならない。「生ある思考」に親密に関与することから、アニミズムは生じる。言い換えれば、「生ある思考」こそが、アニミズムの母胎なのである。

人間が、ウーリーモンキーやイヌやハキリアリやメジロメキシコインコなどの生きとし生けるものの「生ある思考」に注意を向けることの中に、アニミズムの生成の秘密がある。その時、私たち人間は、森の中で、人外の魂を生け捕りにしていることになる。

アニミズムは、生きものが「思考」する精神の動きを垣間見せてくれる瞬間に、人間の感官の前に立ち上がってくる。コーン流の記号論ネットワークの中に現れ出る「生ある思考」によって生じる精神（魂）の働きを、梅原による、小高い山の上から眺めた森の宗教の思想へと接続するならば、アニミズムが遍満する森の曼荼羅＝マンダラの構造が見えてくるだろう。コーンが言うアニミズムとは、森の中だけで起きるものではない。飼い犬が主人の帰宅を察知し、尻尾を振って、吠える。ドアが開けられた瞬間に見知らぬ宅配員と「分かって」後退《あとじさ》る。飼い犬の「愚かさ」は、犬の「思考」の証であろう。私たちは飼い犬を擬人化しているのではない。コーンはこういう現象をアニミズムと呼ぶ。アニミズムは、このような記号論的ネットワークの精神的宇宙の中、精神の森に広がっているのだ。

本章で見てきたように、アニミズムとは、人外との際《きわ》で起きる、徹頭徹尾、人間的な現象であった。人外の生きものたちどうしの交渉・交換のみからはアニミズムは立ち上がってこない。人間不在の世界には、アニミズムはないと言い換えてもいい。アニミズムとは、人間中心主義の最後の砦、その最も縁《へり》のところで起きる現象なのである。人間的なるもののかなたに、森の思考、森の精神的宇宙を生け捕りにする人間的な感性の内側にアニミズムは遍満《へんまん》しており発見されることを心待ちにしているかのようだ。

次章では、この問題、人間とアニミズムをめぐる問題について考えてみようと思う。

11 人間であることの最果て

語りえぬものの純粋経験

残された問い

アニミズムは、十九世紀のエドワード・タイラーの定義以来［タイラー 2019］、モノに霊や魂を認める考えだとされてきた。その見方は、けっして間違いではない。

しかし私たちは、その言い方によって、モノ自体のあり方に目を奪われてしまいがちである。つまり、アニミズムは、人がモノを感知することによって生成する現象であるという点が、往々にして見過ごされてしまう。その結果、カミが宿る巨木や聖なる石や、森羅万象に八百万の神が宿る日本古来の信仰がアニミズム的であると説明されるのみで、それがどのようなメカニズムにおいてアニミズムとして発生するのかの機序に関しては、ほとんど取り上げられなくなる。

アニミズムを考える上では、人とモノの「あいだ」を考えることが肝要である。精神医学者・木村敏によれば、「あいだ」とは、人やモノなどの存在しない空白部分ではなく、表面に出ている人やモノに裏面から作用を及ぼす力の場である［木村 2008: 71-9］。

こんまりが押し入れやタンスの奥にしまわれていたモノをそこから出して、感謝の念を抱く時、あるいは子どもが寝ようとすると、ベッドがそのタイミングを決めてくると感じる時（第1章参照）、私たちの前にあるモノやベッドは、私たちと同じような、つまり人と同じような気持ちや思考能力を有する存在として触れられ、感じられている。しかしモノたちは、それ自身のうちにアニミズムを秘めているわけではない。モノたちはいつ何時でも、人間との「あいだ」にアニミズムとして現れうるのである。

論点を先取りすれば、アニミズムとは、人間が、人間であることの最終地点に立つことに深く関わっている。それは、モノに向かう人間の精神の問題として現れうる。人間が、人間以外のモノや何者かになりきってしまう直前で、再び人間のほうに還ってくることを含んでいると言い換えてもいい。

その意味で、アニミズムは、人間による人間のためのギリギリの、人間中心主義の最後の砦であろう。そうした経緯はこれまで、「ダメ人間」や忘我的な人物の物語の中に描かれることが多かった。本章では、『雨月物語』の「蛇性の婬」、落語の「粗忽長屋」、西行の和歌を順に俎上に載せて、人間であることの最果てとしてのアニミズムについて考えてみたい。

雨月物語の豊雄

上田秋成の『雨月物語』は、十八世紀後半、和漢の物語に基づいて創られた、九話から成る近世文学である。『漫画訳：雨月物語』の作者・武富健治によれば、雨月物語の男性登場人物には「ダメンズ（ダメ男）」が多いが、「蛇性の婬」に登場する豊雄もまた、ダメ人間の雰囲気を漂わせている［武富 2016: 339］。「蛇性の婬」のストーリーを追ってみよう。

紀伊の国の漁業の網元の長男・太郎は、父親の跡を継いで家業に精を出したが、次男の豊雄は生まれつき性格がやさしく、ふだんから風流を好み、実直に生業に勤しむことはなかった。新宮の神官のもとに勉強に通っていた豊雄は、ある日空を見て、雨傘を借りて帰途につくが、雨が降り始めたので、漁師の家に雨宿りに立ち寄った。召使らしい少女と軒下に入ってきた、この世のものとは思えないほどの美しい女性に心を奪われた豊雄は、女に雨傘を貸す。「県《あがた》の真女児《まなご》」と名乗ったその女のことが頭から離れず、その夜豊雄は夢の中で、真女児の家を訪ね、契りを交わす。

翌朝、豊雄は新宮を訪れ、夢で見た家と寸分違わない真女児の家を探しあて、真女児と夫婦の契りを交わした後、真女児の亡き夫が残した太刀をもらい受けて辞去する。翌朝、その立派な太刀が兄・太郎の目に留まり、豊雄は母親に、お前は、何のためにそれを買ったんだい、米も銭もみな太郎のものなのだよ……こんなことで太郎に憎まれたなら、この世に居場所がなくなってしまうと諭される。豊雄は兄嫁に真女児のことを話すが、兄・太郎は、県という人のことなど聞いたことがないし、宝物が紛失したとの噂話もあり、豊雄が太刀を盗んだのであればお家断絶の処罰を受けることになると怖れて、豊雄の行状を大宮司に訴え出る。実地検分のため、国司の次官たちと豊雄が荒れ果てた真女児の邸内に入ると、美しい女がいたが、大雷の音とともに消えて見えなくなってしまう。

太刀の一件が妖怪変化の仕業であることが発覚したことにより、豊雄は、姉の嫁ぎ先の田辺の金忠という商家に一時身を寄せることになる。ある時、そこに真女児と召使のまろやが突然訪ねてくる。豊雄は二人のことを怪しむが、真女児はうまく取り入って豊雄と婚儀を済ませ、真女児と豊雄は仲睦まじく暮らし始めた。そんなある時、金忠の家で行楽に出かけた折、一人の老人が近づいてきて、真女児とまろやを邪神だと見抜いた。二人は激流めがけて飛び込んだかと思うと、水が大空に向かって沸き上がって、姿は見えなくなった。

大和《おおやまと》神社の神官である老人は言う。この邪神は年を経た蛇《おろち》である。その本性は淫蕩なるもので、牛と交尾しては麟《りん》を生み、馬と交わっては竜馬を生むという……これほど執念深いのだから、豊雄は十分慎重にならないと命をなくしてしまうだろうと。それに続けて、

畜《かれ》が仮の化《かたち》に魅《まど》はされて丈夫心《ますらを》なし。今より雄気《をとこさび》してよく心を静まりまさば
［上田 2009［2006］: 293］

豊雄は、あの畜生が化けた女に魅惑されて、男らしいしっかりとした心を失っている。今後は男らしく雄々しい心を奮い起こして、浮ついた心を鎮めなさいと。

故郷の紀州に戻った豊雄は、心機一転して、富子という女を妻に迎えるが、ある夜、富子を見ると真女児だった。祈禱調伏するために呼ばれた鞍馬寺の僧侶は、逆に邪神に取り殺されてしまう。その後、道成寺の法海和尚によって、真女児とまろやは白蛇としての正体を顕し、鉄

鉢の中に封じこめられたのである。

この物語の中で豊雄は、兄の稼ぎで暮らしていたが、ある時、蛇の邪神に魅入られて交わり、こちら側とあちら側の「あいだ」で煮えきらない往還を繰り返す。大和神社の神官が言うには、豊雄は、男らしいしっかりとした心を失っているために、邪悪な存在に惑わされている。鞍馬寺の和尚が邪神の調伏に失敗した後、道成寺の和尚が正体を顕した白蛇を封じることで、事件は落着する。

その後豊雄はようやく、人間の住む世界での安定を得る。精神的に浮ついたところのあるダメ男が我を忘れて、あちら側の美しい女性との秘め事にのめり込み、最後にあちら側の世界を封じ込めてしまうことによって、こちら側の世界に戻ってくるというのが、「蛇性の婬」の話の筋である。

粗忽長屋の熊五郎

「粗忽もの」とでも呼ぶべき演目が落語にはある。そのうち、五代目立川談志が落語の傑作中の大傑作と呼ぶのが、「粗忽長屋」である〔立川 2009: 296〕。談志によれば、粗忽者とは、マスクをしたまま唾を吐いたり、掛けている眼鏡を捜したりする慌て者のことである［立川 2009: 296］。ところが、「粗忽長屋」に出てくる人物たちは、その次元の粗忽者ではないのだという。以下、ストーリーを辿ってみよう［立川 2009: 306-323］。

八五郎は、浅草の観音様のお詣りの帰り道、仁王門のところで大勢の人が集《たか》っているのに出くわす。「行き倒れ」を確かめる八五郎と、その場の世話役はこんなやり取りをする。

「こりゃァ……熊の野郎だ。脳天熊《ノーテン》五郎だァ」……

「いやね、誰も身寄りが判んなくて困ってたとこだよ。よかった……てえと誰も知り合いも身寄りもいないの？」

「いないよ、俺だけが頼りなんだからァ……」

「じゃ、ま、仕様がない、お前さん、これ引き取ってくれないかい」

「おう、いいよ。いいけどね、俺より当人のほうがいいだろう」

「何ィ？」

「当人」

「〝当人〟って……」

「行き倒れの当人、熊公…（中略）…当人を連れてきて引き取らせるよ、今朝寄ったらね、変な顔しやがってね。お詣りに行こうったら、〃行かねえ〃なんて……」

「今朝会ってんの？　あ、そう、じゃ違う。これは昨夜《ゆんべ》から此処に倒れてんだから……」

「昨夜から……？　……おかしいじゃねえか。俺は今朝会ってんだから」……「いや、駄目だって……、その、おい、困ったな、駄目なのはそっちなんだよ、落ち着かなきゃ駄目だよ」…（中略）…「いえ、すぐ連れてきますから、この人を見ててくださいよォ……」

「いえ、あの、オイ……オーイ、あのネ、お前さん、そこでニヤニヤ笑ってないで何とか言ってやっとくれよ」


行き倒れを前にしたこうしたやり取りの後、長屋に熊五郎を訪ねた八五郎と熊五郎のやり取りの場面。

「死骸を引き取りに……」

「誰の」

「お前の」

「うん、俺？　……オレのォ？」

「そうよ、嫌か」

「嫌じゃないけどさァ、今頃《いま》ンなって、〝これは私の死骸です〟、昨夜忘れて……なんて、きまりが悪い……」


この後、八五郎はどうにか熊五郎を長屋から連れ出し、再び行き倒れの現場に向かう。


「どうも、先ほどは……」

「あーっ、また来た。あの人は。仕様がねえな、ありゃァ。〝行き倒れの当人を連れてくるんだ〟って……。嫌だよ、私は。誰か代わっとくれよ……。どうした？　いなかった？　……いた、……ああ、いた……。でも違ってたろ」

「ええ、まあ、あのォ、話をしましたらね、最初《はな》のうちは〝俺は死なねえ〟〝死んだ気持ちがしない〟なんて言ってましたよ。その気持ちは理解《わか》りますからね。で……いろいろ話をしたら、〝ボォッ〟としてるけど馬鹿じゃねえんですから、順にこう、言ってやったら理解りまして……〝死んだ〟ということが理解りました。もう大丈夫です。……こっちへ来い。こっちへ来い。あのォ……こ奴《いつ》でござんす。おい。よくお礼を言いな。あのおじさんにお世話になってんだから」

「……どうも済いません。ちっとも知らなかったんです。兄貴に言われて判ったんです。昨夜ここで死んだそうで……」

「嫌《や》だなァ、同じような人がもう一人増えちゃった。駄目だ、こりゃァ。この人が行き倒れの当人だってさ」

「うーん、俺かなァ……」と死骸を見て呟いた熊五郎に八五郎は、熊五郎の「不甲斐なさ」を諭す。


しっかりしてくれよ、だから、よく俺がお前《めえ》に言うだろう。〝朝はちゃんと顔を洗え、髭を剃《あた》れ〟って。別に洗ったり、剃ったりすることよりも、髭ェ剃りゃァ鏡を見るだろ。毎日鏡で自分の顔ォ見てりゃァ、何処で自分に会ったって、すぐ〝俺だ〟って判るんだ。俺なんざァ、毎日自分の顔を見てるから、どこで俺に会ったって、〝あれは俺だ〟って判らァ。お前はそれが出来ないんだ。いいか、俺はな、俺が判って、お前も判る。両方判る俺が見て、〝これはお前だ〟って言ってんだぞ。しっかりしろい

死骸をよく見てそれが自分だと「判った」熊五郎が死骸を抱き上げる。そして、「粗忽長屋」の有名な下げ（落ち）の場面での熊五郎の言葉。

そうだ〳〵、これは自分の物《もん》なんだから、自分で抱いて、俺は……ウーン……何だか判んなくなっちゃったぞ。抱かれているのは確かに俺だけど、抱いている俺は誰だろう

演者である談志は、これは「粗忽長屋」ではなく、「主観長屋」であるという。『粗忽長屋』の内容というのは、果たして粗忽なのか。待てよ、あまりにも主観の強い人間に会うと、自分の死まで判らなくなってしまうのではないかと、思った。／つまり、存在というのは他が決めることで、アリバイじゃァないが、それがないと、己で己の説明すら人間は出来ない」［立川

2009: 324〕。主観の強い人間とは八五郎のことで、自己の死までが判らなくなったのが熊五郎である。八五郎が熊五郎の自己存在を決めるというのだ。

また談志によれば、

> 主観の強い奴に会うと、人間己の生まで判んなくなってしまうのではなかろうか。所詮、人生は「虚」なんだし、そこに知性で存在というものを作っているだけなのだから……。
>
> 〔立川 2009: 325〕

熊五郎は虚な人間の典型で、主観で生きている八五郎によって自己の存在をつくられるのだという。

これに対し、精神分析医・藤山直樹は、熊五郎は八五郎の説得により、「長屋にいながらも浅草の観音様のそばにいる、死んでいながらも生きて道を歩いている、という根本的に矛盾した状態に入ってしまう」〔藤山 2012: 123〕のだと分析する。言い換えれば、その根本的に矛盾した状態」とは、「ここにいる自分とあそこにいる自分、生きている自分と死んでいる自分をただ静的に並置している」［藤山 2012: 123］「人工的な乖離状態」である。
八五郎によって二人に引き裂かれてしまっている熊五郎の人工的な乖離状態が「確立された」直後に、下げに突入する。そこで熊五郎が「自分の死体」を抱きかかえようとして発する言葉――「抱かれているのは確かに俺だけど、抱いている俺は誰だろう」――を観客が受け入れることに、藤山は注目する。

熊五郎のこころに人工的に作られた、二つの矛盾した自己のあいだのまったく対話することなく切り離されていた乖離がゆるみ、対話が再開し、矛盾の自覚と疑問の生成が起きる。乖離という永遠の静止した死んだ世界に、ふたつの自己が交わることによって、自発性と探求という生の要素がまさに誕生する瞬間が奇跡のように姿を現わす。
［藤山 2012: 124］

つまり、熊五郎にふたつの自己がありうる矛盾した状態から、「自発性と探求」という意識をそなえた自己をひとつだけ持つ人間の生の領域へと熊五郎が還ってこようとしていることが確認できたことによって、観客の安堵がもたらされるというのである。

熊五郎は八五郎に説き伏せられて、もう一つの自己を自己と思い込もうとする。死体を抱く瞬間になって、その思い込みは崩壊の兆しを見せる。その時、自己の足場はすでに別の自己のほうに移っている。「抱かれているのは確かに俺」なのだ。しかしそうすると、今しがた別の自己を抱き上げたこの俺が誰なのかが分からなくなる。「抱いている俺は誰だろう」と、熊五郎は呟く。

この二つの自己からなる人工的な乖離状態の崩壊は、熊五郎「本来」の自己を自己として確定することに還ってくる兆しを含んでいる。「蛇性の婬」の豊雄が、男らしく雄々しい心を奮い起こして、浮ついた心を鎮めたように、熊五郎もまた、まっとうな人間の側に還ってくる兆しがあると、観客は予想すると同時に胸をなでおろす。

人工的な乖離状態となって、熊五郎は、ここにいる自己とあそこにいる自己との「あいだ」を往還したのである。その力の場に、アニミズムが見え隠れする。なぜならば、アニミズムとは根本的に、本書で述べてきたように、こちら側からあちら側へ往って再びこちら側に還ってくる動きを本質的に内在化させた現象だからである。

あちら側にいる自己の中に入り込んでいってしまうのではない。あそこにいる自己を見ながら、こちら側にいる自己を意識する。熊五郎は逆に、ここにいる自己を見ながら、あそこにいる自己を持っている。熊五郎の意識は二重化している。アニミズムは、こうしたパースペクティヴの揺れに深く関わっているのだ（第7章参照）。

和歌を詠む西行法師

アニミズムは、その意味で、人間の精神のあり方の問題であるのだと言えよう。この課題をより深めるために、時代をやや遡って、西行法師の和歌に息づいているアニミズムの可能性を探ってみたい。

十二世紀の初頭に鳥羽院下北面の武士を務めた佐藤義清《のりきよ》は、妻子を捨て二十三歳で出家し、その後全国各地を経めぐって、仏教の行をしたり和歌を作ったりして生きた。宗教学者の山折哲雄によれば、「西行は何者にもなろうとしなかった人間ではないか、と思う」［山折 2003: 142］。「西行は高野山で修行していたかと思うと、やがて伊勢に参詣し、そこに草庵まで結んで神宮の神官たちに和歌の指導をしたりしている…（中略）…勝手気ままといえば、これほど勝手きままな生き方もないのではないだろうか。勝手気ままというのが悪ければ、いっそ自由自在な生き方といってもよい」［山折 2003: 142-3］。

小林秀雄は、西行について述べている。

西行の実生活について知られている事実は極めて少いが、彼の歌の姿がそのまま彼の生活の姿だったに相違ないとは、誰にも容易に考えられるところだ。天稟の倫理性と人生無常に関する沈痛な信念とを心中深く蔵して、凝滞を知らず、頽廃を知らず、俗にも僧にも囚われぬ、自在で而も過たぬ、一種の生活法の体得者だったに違いないと思う。

［小林 2009［1961］: 92］

西行は、俗でも僧でもない自由を貫いた生活法の体現者だったのである。西行には吉野山の桜を詠んだ歌が多いが、白洲正子によれば、平安時代までの吉野山は山岳信仰の霊地であったため、険阻な秘境だった。西行のように、吉野山で桜の花に埋もれて陶酔した人間は珍しいという［白洲 2019［1996］: 113］。

以下、吉野の桜を詠んだ有名な西行の和歌を取り上げてみよう。

吉野山梢の花を見し日より　心は身にも添はずなりにき

〔『山家集』〕

「吉野山の花をはるか遠くから望み見たその日から、私の心は花でいっぱいになって落ち着かない」〔西澤 2010: 59〕というのである。白洲は、「花にうつつをぬかした心が、身を離れて浮游する」〔白洲 2019〔1996〕: 114〕と、この歌を解釈している。小説家・辻邦生は、西行を扱った小説『西行花伝』の中で二箇所、この歌を詠った時の西行の心情を描いている。

私にはもはや虚ろな身体しか残っていなかった。それは私でありながら、私でなかった。本当の私は、花また花のこの歓喜のなかで踊っていた。

〔辻 2019〔1999〕: 447〕

この歌の中で、私は、桜の美しさに惚れぼれとした瞬間、心が我という薄暗い家などまったく問題にせず、そこを離れて梢の花に同調《ともなり》しつつ、花の歓喜《よろこび》と一つにときめいているのを表したかったのである。

西行は桜の中に入り込んで、私でありながら私でないという境地に達している。また、花と同調して一つとなってときめいて、身体には何も残っていないという思いが、この短歌には表現されているのだと解釈できよう。［辻 2019［1999］: 587］

山折哲雄は、この歌を以下のように読み解いている。

自分の魂がいつの間にかこずえのほうに抜け出ていってしまう。花のほうに浮動する心といってもいい。そしてそのまま、それが再び自分の身体に戻ってこない気がする——そのような気持を詠んだ歌である。［山折 2010: 190-1］

このような心のことを山折は、ある事柄に触れて感動のあまり心が体から離れていく感覚、つまり「遊離魂感覚」あるいは「霊肉分離の感覚」と呼んでいる［山折 2010: 191-2］。日本人は古来、人が死ねばその魂は体から離れて自然のそばに浮遊していくと考えてきたし、そのことが『万葉集』の挽歌には繰り返し歌われてきている〔山折 1976: 98〕。山折はそれをまた、「神道感覚」とも呼んでいる〔山折 2010: 192〕。

古来の「神道感覚」の現れであるこうした和歌に対して、山折は、六世紀の仏教伝来以降の「仏教感覚」とでも呼ぶべき、もう一つの感覚が、西行の和歌の中には潜んでいると考えている。例えば、以下の和歌が挙げられる。

山の端に隠るる月を詠《なが》むれば　我も心の西に入るかな

〔『山家集』〕

「山の端に沈んで隠れる月を見続けていると、私の心の月も一緒に西に入り、西方浄土に入ったような心境になる」〔西澤 2010: 250〕という意味である。徹夜で念仏を称《とな》えていた西行は、西の空を移動する月を見ているうちに、自分の心も一緒になって西方浄土に入って行くような心境になり、心と身が一体になった「心身一体」の感覚で、西方浄土への再生を望んでいるというのが、山折の解釈である。

山折によれば、前者の歌（吉野山の桜）が、身体から魂が離れてしまう遊離魂的な心情、後者の歌（山の端の月）が、身体と魂が一体化する心身一体的な心情が詠まれた歌で、西行という一人の詠み手の中に「神道感覚」と「仏教感覚」の両方が同居している。言い換えれば、こちら側から魂だけが抜け出てあちら側（桜の花）へと往ってしまう感覚と、こちら側から魂と身体がともにあちら側（月）に往ってしまう感覚の二つが、西行のうちにあったのだという。

魂だけなのか、魂と身体ともになのかの違いはあれ、これらの和歌の主題は、自分が桜の花ないしは月の中に入り込んだり、向かっていこうとしたりする感覚である。こちら側とあちら側の「あいだ」に生じるこういった感覚こそが、アニミズムと呼ばれているものに他ならない。

西田幾多郎の純粋経験

これまで、「蛇性の婬」の豊雄から始めて、「粗忽長屋」の熊五郎と和歌詠みの西行の中に順に見てきたのは、主体である人間が、客体の世界に引き入れられたり、客体と見分けがつかなくなったり、客体の中に入り込んだり、客体のほうに往ってしまうというテーマであった。それらは、主体と客体の「あいだ」の問題であると言い換えることもできるだろう。

ここでは、主客の問題に関して真正面から挑んだ哲学者・西田幾多郎の思索を手がかりとして考えてみたい。西田は、「花を見る経験」について、以下のように述べる。

> 我々が物を知るということは、自己が物と一致するというにすぎない。花を見た時は即ち自己が花となって居るのである。花を研究してその本性を明にするというは、自己の主観的臆断をすてて、花其物の本性に一致するの意である――。
>
> ［西田 2019［1950］: 124-5］

「花を見た時、自己が花になる」と西田が言うのは、一方に心、他方にモノを置き、それぞれを独立したものと捉え、主客を対置させる図式的な理解への批判がある。西田は、主客の対置は事後的に、分析的な理性によってなされるのであって――小林秀雄であれば「悟性」と呼ぶもの（第9章参照）――、もともとの経験には、主客の区別や対置はないと考える。

> 元来精神と自然と二種の実在があるのではない、この二者の区別は同一実在の見方の相違より起るのである。直接経験の事実においては主客の対立なく、精神物体の区別

なく、物即心、心即物、ただ一箇の現実あるのみである。

[西田 2019 [1950]: 239]

西田によれば、まず意識される対象があって、私たちが意識するという意識現象があるのではない。「物即心、心即物」の事実があるのみだという。どういうことか。西田が挙げる、以下の美しい音楽の例を見てみよう。

> 恰《あたか》も我々が美妙なる音楽に心を奪われ、物我相忘れ、天地ただ嚠喨《りゅうりょう》たる一楽声のみなるが如く、この刹那いわゆる真実在が現前して居る。これを空気の振動であるとか、自分がこれを聴いて居るとかいう考は、我々がこの実在の真景を離れて反省し思惟するに由って起ってくるので、この時我々は已に真実在を離れて居るのである。
>
> [西田 2019 [1950]: 81]

例えば、私たちが、音楽の妙なる調べに心を奪われている時、それを例えば空気の振動に置き換えて考えるならば、「実在の真景」あるいは「真実在」から離れてしまう。この真実在とはいったい何か。

> 主客の未だ分れざる独立自全の真実在は知情意を一にしたものである。真実在は普通に考えられて居る様な冷静なる知識の対象ではない。我々の情意より成り立った者である。
>
> ［西田 2019［1950］: 81-2］

西田によれば、真実在とは、「知情意」を一つにしたものであって、そこから情意を引いたものが知すなわち知識の対象となる。「情意を除き去った知とは、幅のない線と同様に、実際には存在しない」［藤田 1998: 76］。そして、「『情意』を排除すれば排除するほど、われわれは『実在の真景』から遠ざかる」［藤田 1998: 80］。

> 実在の真景はただ我々がこれを自得すべき者であって、これを反省し分析し言語に表わしうべき者ではなかろう。
>
> ［西田 2019［1950］: 85］

「自得」とは、ベルクソンの言う「直観」に等しい〔藤田 1998: 86〕。それは、事柄を外側から捉えるのではなく、事柄の中に入り込み、内側からそれを捉えようとする態度のことであり、自得されるのは実在の真景あるいは真実在である。「経験するというのは事実其儘《そのまま》に知るの意である」〔西田 2019〔1950〕: 17〕。

例えば、色を見、音を聞く刹那、未だこれが外物の作用であるとか、我がこれを感じて居るとかいうような考のないのみならず、この色、この音は何であるという判断すら加わらない前をいうのである。それで純粋経験は直接経験と同一である。自己の意識状態を直下《じか》に経験した時、未だ主もなく客もない、知識とその対象とが全く合一して居る。これが経験の最醇《さいじゅん》なる者である。

〔西田 2019〔1950〕: 17〕

主観と客観という構図が描かれる以前の段階で、言葉で言い表される以前の事実それ自体〔藤田 1998: 42〕を、西田は直接経験であると捉え、それを「純粋経験」と呼ぶ。

西田の議論に沿って振り返れば、古典落語「粗忽長屋」の熊五郎が、行き倒れの死体をふと自分と同一視したのは、主体と客体、自己と他者を切り分ける以前の真実在の経験、言葉で言い表される以前の事実自体の経験だったのではないだろうか。それは、「未だ主もなく客もない、知識とその対象とが全く合一して居る」経験ではなかったか。西行が桜の花を見て魂があくがれ出ていった経験や、念仏を唱えていて移りゆく月とともに身体と魂が西方浄土に入って行くように感じられた経験もまた、主客未分の真実在、つまり一種の純粋経験だったのではないだろうか。

哲学者・藤田正勝は、純粋経験とは、「主客対置と言語化以前」の直接経験であり、主客が対置されたり、言語化されたりする「公共的空間」を基点として、私的な純粋経験に入って行くのだと述べている［藤田 1998: 70］。さらに、純粋経験から、再び主客が対置され、言語化された公共的空間に還ってくることもできる。

中村昇によれば、厳密に言えば、純粋経験が「意識状態の直下の経験」だとすれば、それは事後的に意識だと言えるだけで、それがどのようなものなのかは何とも言えない。そして何か分からない事態が生じているというのは、何も起こっていないことに均しい［中村 2019: 37-9］。そうした困難を純粋経験は孕んでいるのだが、ここでは中村に従って、純粋経験を、「主客の分離はまだだが、結果的にそうならざるを得ないような方向性」〔中村 2019: 27〕を有するものとして捉えておきたい。主客が登場してくる潜在的状態があると考えなければ、それを経験とは呼べないからである。

「アニミズム」と呼ばれる現象が、人間による言語化を踏まえており、人間の主観を含むものだとすれば、それは、人間が公共的空間と私的な純粋経験の領域を往ったり来たりする過程で現れうるものだと言うことはできないだろうか。私的な純粋経験の世界に深く分け入り、その経験に浸りきるのではなく、公共的な空間に還って、当の現象を客観的に判断しつつ言語化の水準で知ろうとした時に現れるのが、アニミズムだったのである。

西田に即して述べれば、モノに魂を見たり感じたりするアニミズムが可能になるのは純粋経験に触れることによってであるが、逆にアニミズムとは、人間が事後的にその経験を判断し、言語化した時にのみ立ち上がってくるものだったということになる。それは、モノを客体視し、それに魂を見るのが人間だけであるという点を考えてみた場合に辿り着く一つの見方である。

こうした点を踏まえれば、シベリアのユカギールのアニミズム（第7章）で見た、人間とエルクの主客の高速交換に関する議論は微修正されなければならない。ユカギールの狩猟者は、主客が対置され、言語が用いられる公共的空間から、エルクとの共感からなる、主客未分で言語化以前の私的な純粋経験へと入り込む。狩猟者が往還するのは、公共的空間と私的空間なのである。公共的空間と私的な純粋経験の領域の「あいだ」にアニミズムが姿を現すのだと捉えたほうがより正確であろう。

『不在の騎士』のグルドゥルー

さて、これまでのところで、アニミズムがいったい何であるのかを引っ張り出すことができるもう一歩のところにまで辿り着いたのではないだろうか。ここで論じたことが間違っていないのであれば、ここからはとびっきりのアニミズム小説を味読し、楽しむことが可能になるだろう。以下では、イタリアの小説家イタロ・カルヴィーノの『不在の騎士』を取り上げてみたい［カルヴィーノ 2017］。

主人公は、シャルルマーニュ帝の軍隊の、白い美しい甲冑をまとっているが、中身が空っぽの「不在の騎士」アジルールフォである。彼の部下となったグルドゥルーが、ダメ男であり忘我状態を生きるアニミズムの好例である。

シャルルマーニュの前に現れた男は、「おお、家鴨だ、家鴨だ！」と大声をあげていた。しゃがみこんで両手を背中にまわし、足を水鳥のようによちよちもちあげて、「クワッ……、クワッ……、クワッ……」と言いながら歩いていた。臣将たちが「それが皇帝陛下にご挨拶申し上げる態度だと思っておるのか？」と怒鳴ると、笑い声をまじえた嬉しそうな声をあげて、グルドゥルーは、舞い立った家鴨《あひる》の群れについて行こうとするのだった。村娘は「ときどきあんなふうになるんだよ。家鴨を見ちゃあ、間違えるんだ。自分もそうだって思いこんじゃうんだ……」と言う。

とそのうち、今度はグルドゥルーは「ゲロッ！　ゲロッ！　ゲロッ！」と蛙になって沼に落ちてしまった。グルドゥルーは魚といっしょに網の中に入ってしまったり、梨の実が転がるのを見て自分までが梨の実のように転がったりするのだった。

グルドゥルーは、家鴨の群れを見れば、自分も家鴨と間違えて、家鴨のような声をあげ、家鴨たちについていこうとする。蛙を見ると蛙になって沼に落ちるし、魚を見れば魚になって、人間が仕掛けた網の中に入ってしまう。

目の前の動くモノたちに引き寄せられて、そのモノになってしまうのだ。グルドゥルーは、その間、人に呼びかけられても、気づかないのだという。しかしグルドゥルーである限り、いつかまた彼はグルドゥルーに還ってくるのだろう。

これまで述べてきた考えをあてはめると、グルドゥルーが主体として、客体になるのではなく、グルドゥルーは言葉や知識で整理されない、主客未分の真実在の領域に迷い込んでいることになる。そして、彼は再びいつの間にか公共的空間に還ってくるのだ。

ところである時、シャルルマーニュからスープを与えられたグルドゥルーは、

地面に置いたスープ皿のなかに頭を突っこみ、どうやらその中へ入りこもうとしているところなのだった。善良な畠守《はたもり》は近づいていって、背中を一つたたいてやった。

「いつになったらわかってくれるんだね、マルティンスール？　スープを飲まなきゃなんないのはお前さんで、スープがお前さんを飲むんじゃないんだよ！　忘れちゃったのかい？　スプーンでスープを口へもってくんだ……」

［カルヴィーノ 2017: 46］

グルドゥルーは、スープを飲もうとして、スープの皿に頭を突っ込んでしまう。畠守の言葉から、グルドゥルーは、自分が自分なのかスープなのか分からなくなって、スープになって自

分を飲もうとしていることが分かる。グルドゥルーにとって、スープを飲むことは、その時、グルドゥルーがスープを飲むのではなくて、スープがグルドゥルーを飲むことなのである。

そこでは、グルドゥルーの主客が逆転してしまっていると見ることもできよう。グルドゥルーは、主客未分の純粋経験の領域に入り込んで、はたと自分が何をしているのかに気づき（気づかされ）、さらに、知らない間に再び、主客未分の領域に入るという往還を繰り返すアニミズムを生きているのではないか。公共的空間と私的な純粋経験の「あいだ」にこそ、アニミズムが生まれる力の場がある。

グルドゥルーは、公共的空間に居ながら、主客がよく分からなくなるようだ。彼は、主客が対置されるのではない主客未分の私的な真実在の領域に入り込んで、人間の言語ではない鳴き声を発したり、スープになったりする。そうかと思えば、彼は楯持ちという公共的な役割を与えられて、不在の騎士アジルールフォの部下としてまっとうに働いていたりするのだ。

グルドゥルーは、人間であることの最果てであり、アニミズムの体現者なのである。

12 人間だけに閉じた世界にアニミズムはない

人類学のアニミズム新考

アマゾニア諸社会の人々は、動植物に固有の精神的原理を与えていて、それらとの間に友好・敵意・誘惑・縁組・サービス交換などの人格的関係を結ぶことができると考えている。諸存在者は、人間の日々の社会関係を共に紡ぎ合う主体的な集まりを構成している。人類学者フィリップ・デスコラは、諸存在者に対するこのような客観化の形式を、廃用の憂き目にあっていた用語を復活させて、アニミズムと呼ぶことを提唱している〔デスコラ 2020: 179-80〕。

彼はまた、「内面性」と「肉体性」という概念枠組みを手がかりとして、人間であれ人外であれ、何らかの他者に面した時に、「私」が想定しうる組み合わせを、「アニミズム」「トーテミズム」「アナロジズム」「ナチュラリズム」という四つの様式として整理している［デスコラ 2020: 177-8］。この四象限の図式を援用して、人間の自然観を四つの類型の中に再整理したのが、人類学者・箭内匡《やないただし》である［箭内 2018; 2020］。

箭内は、アナロジズムとの対比においてアニミズムを位置づけている。多様な諸存在者の調和が強調されるアナロジズムが階層性をはらんだ政治・社会的組織に特徴的なものだとすれば、アニミズムは小規模で自律的な集団に見られる、自然の中の諸存在者を本質的に多様なものと捉える自然観である。アニミズムとは、比較的小規模な社会で、人間もまた多様な「ヒト」のうちの一種であり、人間は、多数の存在者が対峙し合っている世界の一端を占めているに過ぎないと捉える、自然への接近の仕方である。箭内の議論は、政治形態をも視野に入れて、デスコラ以降の達成点を示す見事なアニミズム論になっている。

本書が箭内の見解に加えるところはないが、この最終章では、箭内とは幾分異なった論点から、アニミズムの背後にひそむ論理と構造に焦点をあてて、本書の全体を振り返ってみたい。また、アニミズムを考えることが今なぜ重要なのかについても考えてみたい。

タイラー流アニミズムと岩田流アニミズム

タイラーのアニミズム論は非科学的な迷信ではなく、真剣な考察の対象とする企てだったとする箭内の理解［箭内 2020: 197］とは逆に、人類学者・長谷千代子は、「タイラー流アニミズム」が抱える問題を考察している［長谷 2009］。本章では、長谷の議論を補助線としながら、本書の議論を整理してみたい。

長谷によれば、一方的に対象を認識する理性的・能動的主体という近代的な人間観に基づいて自然物に霊が宿ると見立てたのが、タイラー流アニミズムである。だがそれは他方で、自己と自然物が霊を共有し、神秘力によって自らも生かされているという受動的な主体の感覚を看過していると長谷は見る。

対して、「岩田慶治流アニミズム」では、認知主体としての人間は、その対象と霊性や物性を共有する。自己と対象、あるいは主体と客体の間には橋を架けねばならないほどの断絶はなく、それは「融即」とも呼べるのだとも言う（三〇頁、一三三頁）。

タイラー流アニミズムと岩田流のアニミズムは、能動的主体と受動的主体という用語によって対置されているために、両者は対立の構図の中で捉えられるかもしれない。しかし、そうすべきではないと長谷は主張する。岩田流アニミズムの「受動性」の強調は重要であるが、他方で、タイラー的な「能動性」もまた重要であり、両者の関係性は、「英語の態の入れ替え作文のように単純なものではな」〔長谷 2009: 18〕い。

「主体と環境を含む『自然』の存在論」〔長谷 2009: 18〕であると長谷が評する岩田流アニミズムは、人類学者ティム・インゴルドが提唱するアニミズムに近い。能動と受動の態の単純な入れ替えではないという点を理解するために、次にインゴルドの議論を取り上げてみよう。

インゴルドのアニミズム

インゴルドは、人類学者アーヴィン・ハロウェルの古典的な民族誌の事例（一九六〇年刊行）を引きながら、石が生きているのかどうかに関して、オジブワの長老ベレンズが述べたことを再検討している。アニミズムという存在論では、「いのちが石の中にあるというのではなくなる。むしろ、石がいのちの中にある」〔インゴルド 2020: 30〕。それは、一見すると、いのちが石の中にあると捉え、主体の認識を指摘したタイラー流アニミズムの態を単純に入れ替えただけのものに見えるかもしれない。

確かに、能動的な主体が経験や事実だけに頼りながら世界に理性的に向き合うならば、石は石としてしか存在しえないだろう。「いのちが石の中にある」などは、あり得ない。ましてや、態を入れ替えただけの「石がいのちの中にある」ことなどあり得ない。それは、インゴルドによれば、経験と想像力、事実と空想を区別し、つねに前者（経験や事実）のみを頼りとして世界を見ているからである。

しかし石が姿を現すまさにその瞬間に、目の前にいきなり現れる世界を捕まえようとすれば、経験と想像力、事実と空想は溶け合って、石が動き、話すさまを目の当たりにすることができると、インゴルドは言う。経験と想像力、あるいは能動性と受動性の統合のうちにアニミズムが発動する。能動性と受動性とのどちらかなのではなく、その二面が溶け合うことで、アニミズムが現れるのだ。

インゴルドのアニミズムの背景には、「他者を真剣に受け取る」という、他者（ここでは特に、カナダ先住民オジブワ）に向き合う人類学者の態度がある。インゴルドを継承し、「世界＝内＝存在」というハイデガーの概念を手繰り寄せながら世界に没入する活動に従事する時に意味が立ち現れる点を重視して、「アニミズムを真剣に受け取る」べく努めたのが、人類学者レーン・ウィラースレフである［ウィラースレフ 2018: 42-3; 298-314］。

高速交換と「行って戻る構造」

ウィラースレフが、シベリアの狩猟先住民ユカギールの狩猟者スピリドン爺さんのエルク猟の中にアニミズムを読み解いている点については、すでに述べたとおりである（第7章参照）。猟に出かける数日前から始まるエルクに対する感情移入である「模倣的な共感」を経て、狩猟の場面でエルクに対峙したスピリドン爺さんは、「エルクとしての自己」と「人間としての自己」の間を高速で揺れ動く。

その過程をウィラースレフは、「私たちが扱っているのは、『私』と『私＝ではない』が『私＝ではない＝のでは**ない**』になるような、奇妙な融合もしくは統合である」〔ウィラースレフ 2018: 170〕と捉える。つまり、ユカギールの狩猟実践に見られるアニミズムでは、人間と獲物の間で「私」が「私＝ではなく」「私＝でもなくはない」という状態を揺れ動く過程で、人間とエルクを隔てる境界が次第に薄れ、人間の人格と同等の知的・情動的・霊的な存在者が目の前に立ち現れる。ウィラースレフは、狩猟活動に没入するユカギールの狩猟者の考えていることと行動を真剣に受け取って、インゴルドのアニミズムに「動き」を付け加えたのである。

これに関して、ウィラースレフは、「人格としての自己意識は、人格としての動物にこそ依存している」〔ウィラースレフ 2018: 169〕と述べている。そうなのだとすれば、この動的過程の出発点は、「私」にあるのだとは言い切れなくなる。言い換えれば、主客の高速交換とは、主体(「私」)と客体(「私＝ではない」)のどちらか一方から始められるというものではないことになる。二分法的に切り分けられた主体と客体は、最初から実体的なものとして存在するかどうかははっきりしない。「私たちとモノとの実践的な没入は、『そこ』にある外部世界に直面する我に先だってある」〔ウィラースレフ 2018: 43〕。

前章(二〇六頁)ですでに指摘したように、人間とエルクの主客の高速交換という図は補正されねばならない。それに代えて、主客が対置され、言語が用いられる公共的空間と、主客未分で言語化以前の私的な空間との高速交換が想起されるべきであろう。この点は改めて後述する。

アニミズムが二つの世界の行きつ戻りつの運動に関わることに気づいていたのは、岩田慶治であった。「われわれの行動の深層に行って戻るという論理がかくされているように思うのである。…(中略)…この論理は人と人、種と種をこえてはるかに拡大されているのであった。人と木、人と石、人と風、人と鳥、などなどが相互作用していたのである」〔岩田 1998: 201〕。

「行って戻るのは『地』にたどり着いて『柄』にかえることである。同一平面の上の往き来ではない」〔岩田 1998: 202〕と述べて、岩田は「行って戻る構造」〔岩田 1998: 205〕に着目している。

往還存在論

ところで、動的過程における人間とモノ、モノとモノとの関係を考えるには、哲学者・清水高志がミシェル・セールから継承した「袋詰め」というアイデアが示唆的である〔清水 2017: 135〕。

> たとえば青い袋の中に黄色い袋を畳んで入れるとしても、その黄色い袋を取り出して拡げれば、今度は逆に青い袋を中に入れることも可能であるだろう。こうした相互包摂において世界を考えること。〔清水 2017: 137〕

モノの中に包摂される部分としてのモノが襞のように折り畳まれていて、それらが相互に包摂されるという包含関係にある点が加味されねばならない。

相互包摂する動的過程の中にアニミズムを見る理路を突き詰めているのが、比較思想家・甲田烈の「往還存在論」〔甲田 2020〕である。甲田は、主客、自他、人間と非人間、生死といった二項がいかに行って戻るのかという生態的課題に関心を向ける。

> 外部を内部化するとは、内部の内部が外部となることにも通じる
>
> 〔甲田 2020: 74〕

この表現の中の、外部を主体に、内部を客体に置き換えてみれば、前者と後者のくっつきつつ離れているさまを想像することが可能になる。

> 内側に開いたはずのものが、その内をもつき破る形で外側へと反転し、外側にあるはずのものが、すでにそうであるという形で内側にくびれこむ。すなわち存在論は、くびれ、裏返っている
>
> 〔甲田 2020: 69〕

甲田は、この過程を「穴」のたとえをつうじて考察している。人とモノは、同一の空間のまで内面性を共有しているわけではない。両者は「胎内」や「口」としても表現される「穴」を介し、めくれつつ出会っている。

甲田は、「またこのことは、活けるものたちが単に異界に赴くだけでなく、還ってくることも意味している」［甲田 2020: 76］と言う。それは、浄土真宗の阿弥陀信仰でいうところの「還相論」でもある（第5章参照）。あの世たる浄土に往生した衆生は、穢土たるこの世に還ってくる。さらには浄土へ往き……。

アニミズムには、衆生の浄土と穢土の往還運動のようなものが見られる。往還存在論は、本書の前半部で述べたように、どこかに区切りがあるのではなく、区切りがあると言えばある、〈メビウスの帯〉のような形状をしている（第3章、第4章、第5章参照）。

以上を踏まえれば、次のように言うことができよう。私たちの住まう穢土では、世界を主体と客体、外部と内部に分節する。そこで支配的なのは、言語を用いて世界を理解する分別知であろう。それに対して、浄土では、主体が客体を突き破るかたちで反転し、主体が客体へとくびれこんでいる。言い換えれば、それは、主客が分かれる以前、あるいは兆しのようなものすらない、物事や対象と自己とが未分化の「朕兆未分已前」の世界である（第6章参照）。こっちとあっちは、単なる裏返しではない。内が外を突き破り、外へと反転し、外が内にくびれこんで、裏返っている。

朕兆未分已前の世界は、西田幾多郎のいう「純粋経験」からなる（第11章参照）。主観と客観が現れる以前の段階で、言葉で言い表される以前の事実それ自体［藤田 1998: 42］を、西田は「経験の最醇なる者」すなわち純粋経験と呼ぶ。

純粋経験とは「主客対置と言語化以前」の直接経験であり、主客対置および言語化された「公共的空間」を基点として、私たち人間は、私的な純粋経験に入って行く［藤田 1998: 70］。そして、純粋経験から、再び主客が対置され、言語化された公共的空間に還ってくる。アニミズムでは、私的空間と公共的空間が互いに往還存在論的にくびれ、裏返っているのだ。

最終章ではこれまでのところ、「主体と環境を含む『自然』の存在論」としての岩田流のアニミズム論に、「動的過程」と「往還存在論」と「純粋経験」という理論的な枠組みをチャージしてきた。以下では再び、岩田流アニミズムに還ってみたい。

岩田流アニミズムの捉え難さ

よく育ったダイコンの青葉を握りしめて、グーッと土から引きぬく。白くて太いダイコンが土を離れて誕生する。その一瞬をとらえて、そこにカミを見る。

〔岩田 1995: 255〕

岩田は、日々出会う驚きの中にカミを感じるこうした経験の時空を、アニミズムと呼ぶ。また、「木のかたちは一つの宇宙である。天と地を内蔵し、見えるところと見えないところが一体となって、荘厳な姿をつくりあげて」〔岩田 2000a: 36〕おり、「無限を含む有限の空間、あるいは有限を内包する無限の空間」〔岩田 2000a: 37〕たる一本の大樹のことを、岩田はアニミズムの木と呼んでいる。

これらを、これまでの本書の議論の流れに位置づけてみれば、岩田流アニミズムとは、経験と想像力の溶け合う刹那〔インゴルド 2020: 27-30〕のことであり、かつ有限と無限、無限と有限の際限ない往還に関わる〔甲田 2020: 69〕ものだったと言うことができるかもしれない。というものの、岩田の書いたものはどれもほとんどこうした調子で書かれており、よく言われるように捉えどころがない。逆の角度から言えば、言語で書かれたものだけからはつかみきれないという特性が、岩田のアニミズムには端的に示されているのかもしれない。アニミズムそれ自体が、言語にはきわめてなじみにくい。

自己と諸存在者が霊を共有しながら、自己が神秘力によって生かされているという受動性を見失わない岩田流アニミズムに接近するためには、岩田が東南アジアの各地に持ち歩いて手がかりとし続けた、道元禅師の『正法眼蔵』そのものへと下っていくべきなのかもしれない［岩田 2000b］。『正法眼蔵』には、箭内が呼んだ、多様な存在が人間と本質的に同様の存在とみなされる「癖の強いアニミズム」［箭内 2020: 199］が豊かに広がっている。

道元の『正法眼蔵』へ

「山水経」の巻を取り上げてみよう。

> 而今《にこん》の山水は、古仏《こぶつ》の道現成《どうげんじょう》なり。
>
> ［道元 2004: 17］

道元は、「過去と未来の影響下にあるただ今の山と水は、仏が言葉として言い表したものである」と述べることから山水経を始めている。山水の働きを探ることは、仏に近づくには肝要である。

『雲門和尚広録』から引かれた「東山水上行《とうざんすいじょうこう》」のくだりで道元は、理によって理解しえない語りこそが、覚者の語りだとする「無理会話《むりえわ》」に触れた後に、山が水の上を行くことについて説いている。大きな山の下には水があり、水の上に世界があることを知ることが大事だという。世界に水があるだけではない。水の中にも世界があり、さらに水の中だけではなく、雲の中にも生きものの中にも、あらゆる場所やモノの中にも水はあると理解すべきなのである。

『正法眼蔵』の「梅華」の巻からもう一つ取り上げてみたい。道元は、南宋の先師である天童如浄の『如浄禅師語録』の言葉を引いている。

> 瞿曇打失眼睛時、雪裏梅華只一枝、而今到処成荊棘、却笑春風繚乱吹。
>
> ［道元 2005: 22］

仏陀は目が見えなくなることによってかえって、雪の中に一枝の白梅を見る。真っ白な雪の中に真っ白な梅が、三千年に一度だけ花を咲かせるという優曇華《うどんげ》のような「一現の曇華」となっているというのが、そのだいたいの意味である。茨のような知識だけからなる世界においても、雪の中に白梅が咲き、春風が繚乱していることを見ることができるのだという。

道元は、続けて言う。「いまこの古仏の法輪を、尽界の最極に転ずる、一切人天の得道の時節なり。乃至、雲雨風水および草木昆虫にいたるまでも、法益《ほうやく》をかうむらずといふことなし。天地国土も、この法輪に転ぜられて活鱍鱍地《かっぱつぱっち》なり」［道元 2005: 22］。

如浄禅師の説法が世界の隅々にまで行き渡る時、人々はあまねく道を得ることができよう。いや、人間ばかりでない、雲も雨も水も、草木昆虫にいたるまで、その教えのお蔭をこうむらざるを得ないのである。天地や国土もすべて、如浄の説くことで、生気潑剌なものとなる。

山が水の上を行き、雪中に白梅が咲き春風が繚乱するさまは、本書で取り上げてきたどの事例にも見劣りすることのないアニミズムであろう。道元は煩悩から解き放たれるための仏法に日々厳しく向き合いながら、他方で山水草木や動植物を含む「法」に目を見張って、自らの思いを書き綴ったのである。日本思想史上、比類なき哲学書とされる『正法眼蔵』には岩田が頼りにしたように、アニミズムを探る上で実に多くのヒントがちりばめられている。

アニミズムに自らを開いておく

最後に、アニミズムを考えることが今なぜ重要なのかについて考えてみたい。

クラークのSF小説「暗黒の壁」で見たように、私たちの生きる、主客の対置された公共的空間から主客未分で、言語化以前の私的空間への連絡通路は、「壁」によって阻まれてしまっている。そのため、こちらから一つながりになったあちらに達することは、閉ざされたままである。例えば、人間とクマ（カミ）が一つながりになっているという感覚は、現代社会では最初から失われてしまっている（第4章参照）。中沢は言う。

> 人間と動物の間には飛び越えることのできない深い溝が穿たれ、高い隔壁が築かれ、動物たちの心が何を感じ、何を望んでいるかということにたいして、ほとんど感受性を失った社会が形成されてきたのである。
>
> ［中沢 2017: 117］

高い隔壁とは、「人間と動物との間に築き上げられてしまった絶望的な隔壁」〔中沢 2017：120〕のことである。

あちら側のクマ（カミ）の世界との間に築かれた壁を崩壊させるには、クマが人間のように振る舞う世界へと抵抗なくすんなりと入っていけるような感受性を、私たち人間のうちに養い続けることが大切なのではないだろうか。アニミズムの今日的意義は、この点にある。

それでは、壁とはいったい何か？　それは、人間以外の世界から断ち切って、人間を人間だけの世界に閉じ込めてしまうための境界線に他ならない。そのことによって、人間は、人間のみに閉じられた安全圏に暮らすことを夢想することができるようになった。しかし、人間だけに閉じた世界は肥大化した結果として今日、数々の危機に直面している。

人間は地球上で自然を人間から切り離し、壁の向こう側へと外部化し、それとの相互交流を停止し、人間にとっての利益と快適さを求めて、一方的に自然を利用し改変してきた。人間は、外部の生態環境を破壊し尽くしてきたのである。その結果、地球上に拡大し続ける人間は逆説的に、「傷ついた地球」に住まわざるを得なくなっている。私たちは、「人新世」という新たなる地質年代の提唱によって、ごく最近になって、ようやくそうしたことに気づくようになった。

人間は、人間だけに閉じた世界の内側で、人間にとっての便利さや快適さを追求し、人間の持つ知性や能力を備えたモノを開発するようにもなった。自らの手足や脳となるべくつくられた「人工知能」は、やがて人間による統御を超えて自律性を持ち、人間を脅かす存在になるだろうと予想されている。自らの世界に閉じた人間は今、得体のしれない不安に怯え始めている。

人間が、人間のみの世界の内側に閉じこもって、かなたにある人間の知性と能力をはるかに超えた外部の世界と出会っておくことがないのなら、私たちは私たちの行く末を、このまま永遠に見失ったままなのではないだろうか。逆に、こちら側からあちら側に抜けるための連絡通路を開いておけば、私たちはこちらとあちらを往還しながら、アニミズムが自然と立ち上がってくるだろう。

アニミズムは、主客が対置され、言語によって分節化されている公共的空間を生きる人間の分別知によってすくい取ることが困難な外部の世界にそっと触れようとする。言語化以前の、自己と物事や対象が分かれる前の朕兆未分已前の世界に。こちらからあちらへの連絡通路を開けておくならば、こちらとあちらで往還を絶え間なく繰り返すことが可能になる。

アニミズムは、人間と人外(自然)、主体と客体、内部と外部などに深く関わる現代の諸問題を、その根源的な地点にまで遡って考え、問い直すために、私たち人類に与えられた秘密の道具なのである。

あとがき

二〇一八年八月モンゴル国にシャーマニズムの調査研究に出かけた。道すがら、トランジットの仁川国際空港のラウンジで、同行していた亜紀書房の内藤寛さんからアニミズムをテーマとする本の依頼をいただいた。その場で、『我々はアニミズムでできている』というタイトル案が示された。人間存在の本質の深いところに横たわるアニミズムについての本、なかなかいいタイトルではないかと、感じた。

その時頭の中にあったのは、文化人類学のアニミズムの系譜、言い換えれば、十九世紀のタイラーのアニミズムから今日の存在論のアニミズムの流れまでを押さえたアニミズム論であった。その構想に近い論文も、以前に発表していたことがあった（奥野克巳　二〇一〇「アニミズム、『きり』よく捉えられない幻想領域」吉田匡興・石井美保・花渕馨也共編著『宗教の人類学』所収、二一三－二三七頁、春風社）。

モンゴルから帰国して、本づくりの助走として亜紀書房のウェブマガジン「あき地」での月一回の連載が決まり、そのタイトルは「片づけの谷のナウシカ」で行くことが告げられた。「こんまり」こと片づけコンサルタント・近藤麻理恵さんのことと、『風の谷のナウシカ』の世界をぜひ最初のほうで考えてくださいい、文化人類学のアニミズム論は、後半部分で存分にどうぞ、とのことだった。こんまりについては風の噂で聞いていた程度で、『風の谷のナウシカ』に関しては一度映画で見たことがあるくらいだったので、はたして書けるのだろうかと思った。ところが、いろいろと調べていくうちに、その二つのテーマには、アニミズムをめぐってとても面白いテーマが含まれていることが分かった。

二〇一九年春に、その最初のミッションであるこんまり論とナウシカ論（第1章、第2章）を終えて、連載のタイトルに対して一応の区切りを付けた後に、これまで私がアニミズムを考える中で気になっていた〈メビウスの帯〉の問題に、川上弘美、アイヌのクマ送り、生きもの供養碑というテーマをつうじて取り組んだ（第3章、第4章、第5章）。すると、アニミズムをめぐるこちらとあちらの二元論思考の問題の先に、仏教や東洋思想があることが見えてきた（第6章）。

この最初の六回分を書いてみて私は、アニミズムを探る上で、文化人類学のアニミズム論が必ずしも中心に置かれなくてもいいのではないかと思うようになっていた。気持ち的には少し楽になったこともあって、文化人類学の存在論の「他者を真剣に受け取る」議論を補助線としながら、宮沢賢治の童話の世界にすんなりと入っていくことができたように思う（第7章）。

他方、このあたりの時点で、私が気になっていたのは、連載を進める上で内藤さんから考察してほしいと言われていたベルクソンのことであった。今から二十年以上も前に、ある時期、途轍もなく面白いと思いながら、今では埃をかぶってしまっているベルクソンの著作を引っ張り出してきて、ペラペラとページをめくった。『創造的進化』や『物質と記憶』などの本の傍らで私の目に留まったのは、これまた埃をかぶって積んだままで放置されていた、『人間と象徴』や『ユング自伝』といったユングの著作だった。それらは、読んでくれ、と私に語りかけているように思えた。

書棚の奥のほうに埋もれたままだったユングや河合隼雄などの著作を読むうちにアニマ・アニムスを再発見し、心理学者諸兄からのお叱りを受けることを承知の上で、夢とアニミズムについて書いてみた（第8章）。その後、小林秀雄を読み直しながら、ベルクソンを自分なりに大胆に解釈して、「ベルクソン的な」アニミズム論を書いてみた（第9章）。ユングとベルクソンのアニミズムを考えるのは、私にとってはとても愉しい思索の時間だった。

ユングとベルクソンに集中していた期間、プナンの人類学的な調査のデータをかろうじて投げ込むくらいで、私自身の文化人類学のアニミズム論はすでにどこかに飛んでいってしまったかのようだった。後半では、文化人類学で存分にどうぞ、という言葉が思い出され、人類学者コーンによるアヴィラの森の挑戦的なアニミズム論に取り組んだ（第10章）。なぜだか、私にとっては、このパートを書くのが最も苦しく難しかったと、今となっては思い出す。そして最後に、文学や落語の中にアニミズムを探りながら、十一ヵ月にわたる連載を締めくくった（第11章）。

結局、「文化人類学の」アニミズム論は書かれなかった。だが、今となっては、それはそれでよかったと思っている。それには、二つほど理由がある。

一つには、文化人類学だけの議論に閉じてしまっていたなら、それはアニミズムを論じるのではなく、文化人類学のアニミズム論を論じることになっていたであろうからである。そういった狭い学問内の話はいいのだ、閉じた学問はいらないということを改めて感じている。

二つには、本書は書かれるべくして、書かれたように感じているからである。中国唐代の禅僧・百丈懐海《えかい》の「仏性の義を知らんと欲すれば、まさに時節因縁を観ずべし」という言葉が思い起こされる。それは、時節が来たら、今まで見えていなかったり聞こえていなかった道理が、ひとりでに見えてきたり聞こえてきたりするということである。いくら頑張って努力してやろうとしても、その取っ掛かりさえつかめない場合もあるが、何かの因縁によってふと開けてくることがある。私にとって、アニミズムをめぐる本書は、「時節因縁」的なものとして生み出された気がする。

その意味で、今回「アニミズムをまな板の上にのせて、こんまりから始めてみよ」と、禅の公案のような問いを与えてくださった内藤さん、そして亜紀書房の皆さんに深く感謝を申し上げたい。また、第5章で取り上げた生きもの供養碑に関する調査にご協力いただいた、ＪＡ相模原市原当麻駅前支店、ＪＡ相模原市上溝支店、ＪＡ全農ミートフーズ株式会社首都圏西部支店の関係者の方々に、この場を借りて謝意を表したい。

前著『ありがとうもごめんなさいもいらない森の民と暮らして人類学者が考えたこと』に続いて今回も装丁を担当いただき、本書の内容を天才的な閃きで絵にしていただいた寄藤文平さんに、御礼を申し上げたい。また、牟田都子さんの、舌を巻く校正の妙技にも御礼を申し上げたい。

肝腎のアニミズムとは何かについて最後に一言述べておきたい。本書であちらに行き、こちらに戻りつつ書いてきたように、アニミズムは、自らに閉じてしまうのではなく、モノや他者との関係に開かれて、こちら側とあちら側を往還し続けることによって、その必然として見えてくる世界のことに他ならない。今では私自身、岩田慶治の言ったことや、岩田のアニミズムの語り方がほんの少しだけ分かる気がする。

奥野克巳

二〇二〇年七月

- Blust, Robert 1981 'Linguistic Evidence for Some Early Austronesian Taboos', *American Anthropologist* 83: 285-319.
- Brosius, J. Peter 1992 *The Axiological Presence of Death: Penan Geng Death-Names* (Volumes 1 and 2). Ph.D. dissertation, Department of Anthropology, University of Michigan, Ann Arbor.
- Howell, Signe 1984 *Society and Cosmos: Chewong of Peninsular Malaysia*. Oxford University Press.
- Jayl Langub 2011 'Making Sense of the Landscape: Eastern Penan Perspectives', *Sarawak Museum Journal* 90: 79-110.
- Needham, Rodney 1964 'Blood, Thunder, and Mockery of Animals', *Sociologus* 14(2): 136-148.
- Needham, Rodney 1971 'Penan Friendship-names', In *The Translation of Culture*, Beidelman, T.O.(ed.), pp. 203-230. Tavistock Publications Limited.
- Nicolaisen, Johanes 1978 'Penan Death-Names', *Sarawak Museum Journal* 47: 29-41.

・松浦寿輝　1999　「解説―分類学の遊園地」、川上弘美　1999『蛇を踏む』 文春文庫。
・松岡悦子　1993　「第5章　宗教と世界観」 波平恵美子編『文化人類学［カレッジ版］』pp.135-165、医学書院。
・松崎憲三　2004　『現代供養論考：ヒト・モノ・動植物の慰霊』 慶友社。
・松本照敬　2019　『ジャータカ：仏陀の前世の物語』 角川ソフィア文庫。
・宮沢賢治　1990a「鹿踊りのはじまり」『注文の多い料理店』 pp.129-144、新潮文庫。
・宮沢賢治　1990b「なめとこ山の熊」『注文の多い料理店』 pp.341-355、新潮文庫。
・宮沢賢治　1995　「いちょうの実」『ポラーノの広場』 pp.9-13、新潮文庫。
・村瀬学　2015　『宮崎駿再考：「未来少年コナン」 から「風立ちぬ」 へ』 平凡社新書。
・メリメ　2018［1929］『カルメン』 岩波文庫。
・ヤッフェ、アニエラ編　1972　『ユング自伝1』 河合隼雄・藤縄昭・出井淑子共訳、みすず書房。
・箭内匡　2018　『イメージの人類学』 せりか書房。
・箭内匡　2020　「自然と身体の人類学」 大村敬一・湖中真哉『「人新世」 時代の文化人類学』pp.194-209、放送大学教育振興会。
・柳田國男　2016　『故郷七十年』 講談社学術文庫。
・山尾三省　2018［1983］『新版野の道：宮沢賢治という夢を歩く』 野草社。
・山折哲雄　1976　『日本人の霊魂観：鎮魂と禁欲の精神史』 河出書房新社。
・山折哲雄　2003　『西行巡礼』 新潮文庫。
・山折哲雄　2010　『天皇の宮中祭祀と日本人：大嘗祭から謎解く日本の真相』 日本文芸社。
・山田孝子 1994　『アイヌの世界観：「ことば」 から読む自然と宇宙』 講談社選書メチエ。
・ユング、カール・G　1975『人間と象徴：無意識の世界（上巻）』 河合隼雄訳者代表、河出書房新社。
・吉本隆明　1983　『〈信〉 の構造：吉本隆明・全仏教論集成 1944.5~1983.9』 春秋社。
・吉本隆明　2002　『最後の親鸞』 ちくま学芸文庫。
・吉本隆明　2012　『吉本隆明が語る親鸞』 東京糸井重里事務所。
・頼住光子　2014　『正法眼蔵入門』 角川ソフィア文庫。
・レヴィ＝ブリュル　1991［1953］『未開社会の思惟（上）』 山田吉彦訳、岩波文庫。

- 中沢新一　2003　『神の発明』講談社新書メチエ。
- 中沢新一　2015　「解題　森の思想」南方熊楠著、中沢新一編『森の思想（新装版）』pp.9-134、河出文庫。
- 中沢新一　2017　『熊を夢見る』角川書店。
- 中牧弘允　1990　『宗教に何がおきているか』平凡社。
- 中村生雄　2001　『祭祀と供犠：日本人の自然観・動物観』法藏館。
- 中村昇　2014　『ベルクソン＝時間と空間の哲学』講談社選書メチエ。
- 中村昇　2019　『西田幾多郎の哲学＝絶対無の場所とは何か』講談社選書メチエ。
- ナダスディ、ポール　2012　「動物にひそむ贈与：人と動物の社会性と狩猟の存在論」（近藤祉秋訳）、『人と動物の人類学』奥野克巳・山口未花子・近藤祉秋共編、pp.291-360、春風社。
- 西澤美仁　2010　『西行：魂の旅路』角川ソフィア文庫。
- 西田幾多郎　2019［1950］『善の研究』岩波文庫。
- ハスケル、D・G　2013　『ミクロの森：1㎡の原生林が語る生命・進化・地球』三木直子訳、築地書館。
- 長谷千代子　2009　「『アニミズム』の語り方：受動的視点からの考察」『宗教研究』83（3）：1-23、日本宗教学会。
- 伴野準一　2015『イルカ漁は残酷か』平凡社新書。
- ピックオーバー、クリフォード・A 2007『メビウスの帯』吉田三知世訳、日経BP社。
- ひろさちや　2002　『ひろさちやの「道元」を読む』佼成出版社。
- ひろさちや　2018　『道元　正法眼蔵：わからないことがわかるということが悟り』NHK出版。
- 藤田正勝　1998　『現代思想としての西田幾多郎』講談社選書メチエ。
- 藤村久和　1995　『アイヌ、神々と生きる人々』小学館ライブラリー。
- 藤山直樹　2012　『落語の国の精神分析』みすず書房。
- フロスト、ランディ・O＋ゲイル・スティケティー　2012　『ホーダー：捨てられない・片づけられない病』春日井晶子訳、日経ナショナル ジオグラフィック社。
- ベルクソン、アンリ　2012　『精神のエネルギー』原章二訳、平凡社ライブラリー。
- ベルクソン　2015　『物質と記憶』熊野純彦訳、岩波文庫。
- 正木晃　2011　『〈増補新装版〉 はじめての宗教学：『風の谷のナウシカ』を読み解く』春秋社。

・管啓次郎　1995　「夢の鏡」『イマーゴ』(特集：夢の技法) 6 (5)：58-74、青土社。
・杉田俊介　2014　『宮崎駿論：神々と子どもたちの物語』NHKブックス。
・鈴木大拙・金子大栄 (対談)　2003　「浄土信仰をめぐって」『禅者のことば：鈴木大拙講演選集第六巻』アートデイズ。
・鈴木大拙　2007　『禅と科学』新潮CD。
・鈴木大拙　2017　『東洋的な見方』角川ソフィア文庫。
・スタジオジブリ・文春文庫編　2013　『ジブリの教科書1　風の谷のナウシカ』文春文庫。
・関いずみ　2012　「いさな獲る浜のにぎわいの証言者」pp.48-9、「継承されるイルカたちの記憶」pp.58-9、田口理恵編著『魚のとむらい：供養碑から読み解く人と魚のものがたり』東海大学出版会。
・瀬山士郎　2018　『読むトポロジー』角川ソフィア文庫。
・タイラー、エドワード・B.　2019『原始文化〈上〉』松村一男監修、奥山倫明＋奥山史亮＋長谷千代子＋堀雅彦訳、国書刊行会。
・田口理恵編　2012　『魚のとむらい：供養碑から読み解く人と魚のものがたり』東海大学出版会。
・武富健治 (漫画)・上田秋成 (原作)　2016　『漫画訳：雨月物語』PHP研究所。
・立川談志　2009　『談志の落語　二』静山社文庫。
・田中宣一　2006　『供養のこころと願掛けのかたち』小学館。
・辻邦生　2019 [1999]　『西行花伝』新潮文庫。
・デスコラ、フィリップ　2020『自然と文化を越えて』小林徹訳、水声社。
・ドイッチュ、A・J　1994　「メビウスという名の地下鉄」R.A.ハインライン他著、三浦朱門訳、『第四次元の小説：幻想数学短編集』pp.97-135、小学館。
・ドゥグラツィア、デヴィッド　2003　『動物の権利』戸田清訳、岩波書店。
・道元　2004　『正法眼蔵 (二)』増谷文雄全訳注、講談社学術文庫。
・道元　2005　『正法眼蔵 (六)』増谷文雄全訳注、講談社学術文庫。
・中川裕　2019　『アイヌ文化で読み解く「ゴールデンカムイ」』集英社新書。
・中沢新一　1991　『東方的』せりか書房。
・中沢新一　1998　『哲学の東北』幻冬舎文庫。
・中沢新一　2002　『熊から王へ』講談社選書メチエ。

・河合俊雄　1998　『ユング：魂の現実性』講談社。
・河合隼雄　2011［1967］『ユング心理学入門』培風館。
・河合隼雄　2018［1977］『無意識の構造（改版）』中公新書。
・川上弘美　1999『蛇を踏む』 文春文庫。
・川上弘美　2001　『神様』 中公文庫。
・川上弘美　2011　『神様 2011』 講談社。
・川上弘美　2013　「ナウシカの偶然」 スタジオジブリ・文春文庫編『ジブリの教科書1：風の谷のナウシカ』pp.226-229、文春ジブリ文庫。
・木村博　1988　「動植物供養の習俗」『仏教民俗学大系4：祖先祭祀と葬墓』pp.375-390、名著出版。
・木村敏　2008　『自分ということ』ちくま学芸文庫。
・切通理作　2001　『宮崎駿の〈世界〉』ちくま新書。
・クラーク、アーサー・C　2007　「暗黒の壁」『天の向こう側』山高昭訳、ハヤカワSF文庫。
・甲田烈　2020　「往還存在論の試み」『たぐい』vol.2:pp.67-79、亜紀書房。
・コーン、エドゥアルド　2016　『森は考える：人間的なるものを超えた人類学』奥野克巳・近藤宏共監訳、近藤祉秋・二文字屋脩共訳、亜紀書房。
・小林秀雄　2009［1961］『モオツァルト・無常という事（改版）』新潮文庫。
・小林秀雄　2005　『小林秀雄全作品別巻1：感想（上）』新潮社。
・小林秀雄　2017　『学生との対話』新潮文庫。
・小山昌宏　2009　『宮崎駿マンガ論：「風の谷のナウシカ」精読』現代書館。
・近藤麻理恵　2019　『人生がときめく片づけの魔法：改訂版』河出書房新社。
・相模原市史編さん室　2004　『相模原市史　現代図録編』。
・相模原市史編さん室　2010　『相模原市史　民俗編』。
・佐々木芽生　2017　『おクジラさま：ふたつの正義の物語』集英社。
・佐藤泉　2003　「古生物のかなしみ」『ユリイカ（川上弘美読本）』35(13): 120-129、青土社。
・清水高志　2017　『実在への殺到』水声社。
・清水良典　2003　「〈異種〉への懸想」『ユリイカ（川上弘美読本）』35(13): 72-79、青土社。
・卜田隆嗣　1996　『声の力：ボルネオ島プナンのうたと出すことの美学』弘文堂。
・白洲正子　2019［1996］『西行』新潮文庫。

参考文献

- 池澤夏樹　2003　『静かな大地』朝日新聞社。
- 池澤夏樹　2009　『熊になった少年』スイッチ・パブリッシング。
- 池田貴大　2013　「アイヌのクマ送り儀礼」『ユリイカ』（特集：クマ）45(12): 84-90、青土社。
- 伊勢田哲治・なつたか（マンガ）　2015　『マンガで学ぶ動物倫理』化学同人。
- 岩田慶治　1993　『アニミズム時代』法藏館。
- 岩田慶治　1995　『岩田慶治著作集　第七巻：生命のかたち—見えるもの・見えないもの』講談社。
- 岩田慶治　1998　『自分からの自由』講談社現代新書。
- 岩田慶治　2000a　『死をふくむ風景：私のアニミズム』NHKブックス。
- 岩田慶治　2000b　『道元との対話：人類学の立場から』講談社学術文庫。
- インゴルド、ティム　2020　『人類学とは何か』奥野克巳・宮崎幸子訳、亜紀書房。
- ウィラースレフ、レーン　2018　『ソウル・ハンターズ：シベリア・ユカギールのアニミズムの人類学』奥野克巳・近藤祉秋・古川不可知共訳、亜紀書房。
- 上田秋成　2009［2006］　『改訂　雨月物語：現代語訳付き』鵜月洋訳注、角川ソフィア文庫。
- 上田岳弘　2018　『私の恋人』新潮文庫。
- 梅原猛　1967　『地獄の思想』中公新書。
- 梅原猛　1989　「アニミズム再考」『日本研究』1: 13-23、国際日本文化研究センター。
- 梅原猛　1995　『森の思想が人類を救う』小学館ライブラリー。
- 梅原猛　2013　『人類哲学序説』岩波新書。
- エイブラム、デイヴィッド　2017　『感応の呪文：〈人間以上の世界〉における知覚と言語』結城正美訳、論創社・水声社。
- 小野俊太郎　2016　『「里山」を宮崎駿で読み直す：森と人は共生できるのか』春秋社。
- オング、ウォルター・J　1991『声の文化と文字の文化』桜井直史・林正寛・糟谷啓介訳、藤原書店。
- カヴァリエリ、パオラ＋ピーター・シンガー　2001　『大型類人猿の権利宣言』山内友三郎・西田利貞監訳、昭和堂。
- カルヴィーノ、イタロ　2017　『不在の騎士』米川良夫訳、白水Uブックス。

本書は亜紀書房ウェブマガジン「あき地」に連載（二〇一九年五月～二〇二〇年三月）したものに加筆し、「12　人間だけに閉じた世界にアニミズムはない」とあとがきを加えてまとめたものです。

奥野克巳 おくの・かつみ

1962年生まれ。立教大学異文化コミュニケーション学部教授。
20歳でメキシコ・シエラマドレ山脈先住民テペワノの村に滞在し、
バングラデシュで上座部仏教の僧となり、トルコのクルディスタンを旅し、
インドネシアを1年間経めぐった後に文化人類学を専攻。
1994 ～ 95年に東南アジア・ボルネオ島焼畑民カリスのシャーマニズムと呪術の調査研究、
2006年以降、同島の狩猟民プナンとともに学んでいる。
著作に、『ありがとうもごめんなさいもいらない森の民と暮らして人類学者が考えたこと』
（2018年、亜紀書房）など多数。共訳書に、
エドゥアルド・コーン著『森は考える――人間的なるものを超えた人類学』（2016年、亜紀書房）、
レーン・ウィラースレフ著『ソウル・ハンターズ――シベリア・ユカギールのアニミズムの人類学』
（2018年、亜紀書房）、ティム・インゴルド著『人類学とは何か』（2020年、亜紀書房）。

モノも石も死者も生きている世界の民から
人類学者が教わったこと

二〇二〇年十月二日　初版第一刷発行

著　者　奥野克巳

発行者　株式会社亜紀書房
郵便番号　一〇一－〇〇五一
東京都千代田区神田神保町一－三十二
電話　（〇三）五二八〇－〇二六一
振替　〇〇一〇〇－九－一四四〇三七
http://www.akishobo.com

ＤＴＰ　コトモモ社

印刷・製本　株式会社トライ
http://www.try-sky.com

森は考える
——人間的なるものを超えた人類学
エドゥアルド・コーン 著
奥野克巳・近藤宏 監訳
近藤祉秋・二文字屋脩 共訳

「シェルパ」と道の人類学
古川不可知 著

いかもの喰い
——犬・土・人の食と信仰
山田仁史 著

食と健康の一億年史
スティーブン・レ 著
大沢章子 訳